交互式培训

[原书第2版]

让学习过程变得积极愉悦的成人培训新方法

TELLING AIN'T TRAINING

(2nd Edition)

[美] 哈罗德·D. 斯托洛维奇（Harold D.Stolovitch）
艾瑞卡·J. 吉普斯（Erica J. Keeps） 著

王玉婷 译

机械工业出版社
CHINA MACHINE PRESS

图书在版编目（CIP）数据

交互式培训：让学习过程变得积极愉悦的成人培训新方法：原书第2版 /（美）哈罗德·D. 斯托洛维奇（Harold D. Stolovitch），（美）艾瑞卡·J. 吉普斯（Erica J. Keeps）著；王玉婷译．—北京：机械工业出版社，2022.11（2023.9重印）
书名原文：Telling Ain't Training (2nd Edition)
ISBN 978-7-111-71728-7

I. ①交… II. ①哈… ②艾… ③王… III. ①企业管理－职工培训 IV. ① F272.92

中国版本图书馆 CIP 数据核字（2022）第183074号

北京市版权局著作权合同登记 图字：01-2022-3182号。

交互式培训

让学习过程变得积极愉悦的成人培训新方法（原书第2版）

出版发行：机械工业出版社（北京市西城区百万庄大街22号 邮政编码：100037）

责任编辑：张 楠	责任校对：梁 园 王 延
印 刷：北京建宏印刷有限公司	版 次：2023年9月第1版第2次印刷
开 本：170mm×230mm 1/16	印 张：17.5
书 号：ISBN 978-7-111-71728-7	定 价：79.00元

客服电话：（010）88361066 68326294

PREFACE | 前言

难以想象，距离我们沉下心来写《交互式培训》第1版已经过去了近十年。本以为已经完美地完成了这部作品，但当我们筹划着写一版更新、更具价值的《交互式培训》时，还是思如泉涌。我们怎能拒绝得了这么诱人的邀约呢？在《交互式培训》第1版出版后，培训发生了很多变化。我们该如何阐述又应该阐述哪些方面呢？

《交互式培训》第1版出版后的反响十分热烈。我们收到了成百上千的读者来信，他们纷纷表示这本书影响了他们及其企业的培训方式。我们也收到了学校教师和家长们的来信，他们声称自己掌握了《交互式培训》中的原则和策略。信中除了赞辞还有一些实例反馈。当我们收到读者来信，信中表示他们想要更多建议时，我们感到十分欣慰。更令我们开心的是读者能够有所收获。

2004年，美国培训与发展协会（ASTD）出版了我们撰写的本书姊妹篇《从培训专家到绩效顾问》（*Training Ain't Performance*），这本书全面地介绍了如何才能提高人们在工作中的表现。2005年和2006年，我们出版了两本工作手册：《超越交互式培训工作簿》（*Beyond Telling Ain't Training Fieldbook*）和《从培训专家到绩效顾问训练手册》（*Beyond Training Ain't Performance Fieldbook*）。这些作品助力我们在全球企业里落实我们的培训方法。

出版“交互式”系列书籍并不是唯一的传播方式。事实上，基于人们对《交互式培训》的广泛关注，美国培训与发展协会邀请我们在全美国开展关于交互式培训的小型研讨会。随后，交互式培训的项目被美国培训与发展协会和国际绩效改进协会（ISPI）的地方分会，以及加拿大培训与发展协会（CSTD）、企业、政府机构及全世界范围内的非营利性机构引入。谁能想象到《交互式培训》的现场培训能够达到平均每年20次。

创作《交互式培训》第1版的过程令人十分愉快。我们认为，这不仅仅是一本典型意义上的书，更多的是我们对培训进行的一场交流。我们的职业生涯（加起来差不多有80年）都致力于教学、设计课程、帮助企业创作提升学习效果与绩效的方案，以及进行学习与工作绩效方面的研究。这些年，我们在学术界和企业界都有涉足，并发表了很多专业性、科学性强的作品。《交互式培训》与我们以往所写的书都不同，第2版依旧会忠实于第1版的写作方法与写作风格。

相较第1版，我们摒弃了很多写作中的惯例。我们搜寻研究并引用资料，为支持或更新内容加入更多的依据，使得第2版更具价值，单是完成这些我们就高强度地工作了两年。但这个过程既令人兴奋又具有启迪意义！阅读文献、手稿、报告、研究摘要、元分析[⊖]研究资

⊖ 元分析（Meta-analysis）是对众多现有实证文献的再次统计，即对相关文献中的统计指标利用相应的统计公式，进行再一次的统计分析。

料、书籍，甚至是采访摘要，都极大地拓宽了我们的视野。当为新书搜罗素材时，我们很高兴地看到有关学者能够分享我们发现的东西。

像第1版一样，我们在写作中保留了对话的风格——几乎是口语化的。我们也运用了对话、旁白、趣味练习、挑战，以及任何我们认为能够让读者读起来更舒适的方式。

为了写《交互式培训》第2版，我们为学习与培训（就是采取刻意行动刺激有效地获取知识和技能及让行动产生效果）引入了已被大量研究及专业培训流程证明过可靠又吸引人的实践，相比专业、科学期刊的表述，更容易被人接受。我们致力于为新晋培训师和经验丰富的培训师提供最佳培训原则，这些人士都在寻找解释和确认为什么有些办法有效（或无效）。我们在任何情况下都不会“故意简略”研究发现。我们非常勤奋地工作，就是为了维护对各位研究者和作者作品的忠实度，同时修改语言（绝不会是观点或发现成果）使他们的发现成果对广大的培训者来说更容易理解。在最新版本中，我们花费了更多的时间和精力来研究培训与学习的基本原则是如何在改变世界的过程中发挥作用的。当我们写第1版时，职场学习就已经被转化成我们意想不到的多种方式了。

出于对科技手段与培训的尊重，我们认为涵盖这些不断变化的内容的最好办法就是听从比我们专业知识更丰富的人的建议。幸运的是，我们的同事兼朋友马克·J.罗森伯格（Marc J. Rosenberg）接受了我们的邀请，成为本书写作团队中的一员，他出版了多部在线学习与运用技巧来提高人们工作表现的论著。在这本书中，他与我们共同创作的部分是“用科技手段培训和学习”。这一部分由两章组成，一章提供了运用科技手段培训与学习的历史观念和概念框架，另一章更加实用，包含了很多在工作中运用科技手段的例子。感谢他与我们分享的知识和智慧，他拓展了《交互式培训》第 2 版的内容，使其更具价值。

我们把本书分成五部分共 13 章。前两章是本书的概要内容，以及为接下来的介绍勾勒出一幅路线图。随后的几章提供了材料和工具，使本书的内容生动、形象。每一章开头都对本章所强调的内容做出一个简洁的概括，帮助读者了解本章内容。为了避免过多的“讲述”，每一章都包含很多旨在使读者参与其中的有意义的活动。所有章（除了第 1 章）的后半部分都有一些简单、总结性的练习和活动，它们可以在读者读完本书时提醒其回忆所学过的内容，并且帮助其记住关键点。在阅读过程中，读者会见到以下图标：

这个图标用以标注对读者来说很重要的部分。

这个图标用以标注运用我们所提供信息的关键点。

这个图标用以标注每章关键知识回顾。

感谢美国培训与发展协会出版社的前策划编辑马克·莫罗（Mark Morrow）邀请我们撰写《交互式培训》，在该书和其他“交互式”系列图书的筹备阶段给予我们热心的支持，当然再版这个更新、更具价值的版本时他也出了力。

我们还要感谢美国培训与发展协会出版社的策划编辑贾斯廷·布鲁西诺（Justin Brusino），他负责《交互式培训》第 2 版这个项目。我们十分感激他的协助、引导与支持。

同时，我们还诚挚地感谢美国培训与发展协会出版社的前高级副主编托拉·埃斯特普（Tora Estep），她在不偏离我们核心想法和风格的情况下将我们的书稿整理得顺畅、精彩。

另外，如果没有我们亲爱的助手芭芭拉·赫尔维格（Barbra

Hellwig)，我们根本不可能完成本书，她在我们写作期间帮我们解决了所有难题。

我们还要表达对萨曼莎·格林希尔（Samantha Greenhill）最诚挚的感激之情。她协助我们完成了这部“交互式”系列的第五本书。她与我们共事，没有因我们紧张的写作期限而退缩，一直带给我们惊喜。

在写作这本书的过程中，我们想到了无数的员工和经理，他们往往没有经过正式的培训与学习，但发现自己扮演了培训师的角色。我们希望这些人能够从本书中得到引导与支持。

写书最大的快乐就是在书中与读者分享所学到的知识，与钦佩的合著者分享经验。我们的关系不仅仅是合著者，我们同时也是工作伙伴和人生伴侣。感谢我们能够一起继续共度人生旅程。

哈罗德·D. 斯托洛维奇，艾瑞卡·J. 吉普斯

目 录 | CONTENTS

|第四部分|

用科技手段培训和学习

|第五部分|

大功造成

| 第一部分 |

人类学习者

研究告诉我们什么

CHAPTER 1

第 1 章　学习并非易事

本章要点

√ 开场白
√ 一系列挑战
√ 写作本书的意图

大部分书籍——我们可以从逻辑上这样说——都是以导言开始的。导言设定了书的内容及其逻辑，为全书各部分编排顺序并做出概括性介绍。我们可以向你保证，本书也是这样。不过，人们总是喜欢詹姆斯·邦德系列电影的开场，它首先会像开胃菜那样提起你的兴趣，然后再打出电影名和演职人员表。那么，现在你也得做好准备，品尝本书为大家准备的开胃菜。

挑战一

给你 60 秒，记住这个由 18 个数字组成的数列，错一个数字，就会引爆炸弹，请给自己计时。准备好了吗？开始！

412527246060313028

现在，把数列遮盖起来，再给自己30秒，在下面的方框里按顺序写下这18个数字，不许出错。开始！

上述题目，你回答得如何？这道题对你来说难度如何？实际上，大部分人都不会完成任务，特别是在给他们时间压力的情况下。我们是否有办法简化这项任务呢？请再看一下这些数字：

412527246060313028

这里有一个技巧，请注意，你的命运就靠它了！

△ 一年4个季节

△ 一年12个月

△ 52

△ 7

△ 24

△ 60

△ 60

△ 31

△ 30

△ 28

（52至28：指出这些数字的含义。）

现在，请再将数列遮盖起来，用30秒——不能再多了——在下面的方框里默写这个数列。开始！

这里是上面问题的正确答案：

> 答案：一年52周；一周7天；一天24小时；一小时60分钟；一分钟60秒；一个月有31、30或28天。

这次你表现得怎么样？在我们针对各类学习者的测试中，大多数积极研究技巧的学习者都比死记硬背数字时的表现要好得多。这是有原因的——我们将在后面的内容中进行解释。

挑战二

你希望接受另一个挑战吗？一天，我们收到一张请帖，邀请我们前往一个城市参加聚会，而我们从没去过这个城市。请在30～45秒内读一遍下面的路线说明，不要刻意地记忆内容。然后，把这段文字遮盖起来，回答后面的问题。

你好，下面是路线说明。

从机场出发向前走，来到租车所在的停车场，驶出停车场，穿过停车场出口处的栅栏，直到走上通往外面的路。沿着这条路走，在向右转弯之前，你会看到一个三岔路口。如果你走左边那条路，会朝西边前进并远离湖边，不要那样做！中间那条路通往高架桥下，也不是正确路线。请走右边那条路，并在下一个岔路口右拐，驶上环岛。绕不到一半，在第二个路口转弯，这是379号东高速路，但是实际上它通往南边，所以不要担心。从这里开始一直向前就可以了。

安德烈敬上

请不要再次查看上面的内容，首先回答下列问题。

1. 停车场在哪里？
2. 租来的汽车在哪里？
3. 要离开停车场，你需要穿过哪里？
4. 在停车场外面的那条路向右拐弯以前，你会看到什么？
5. 过了第二个岔路口，你需要找到什么？
6. 你需要从高架桥上面还是下面通过？
7. 你需要走哪条高速路？

现在，我们要求对方给出更清晰的路线图，安德烈的妹妹发来了地图（见图 1-1）。

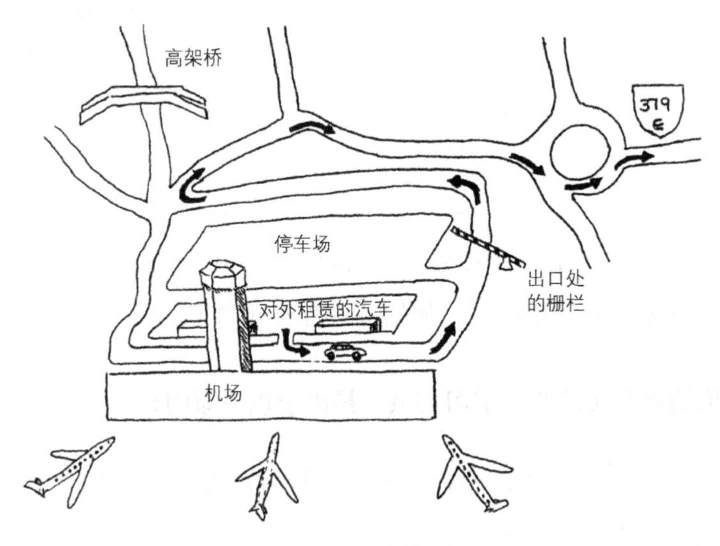

图 1-1　路线图

给你 30～45 秒研究这张地图，然后，遮盖上地图，再回答一次这 7 个问题：

1. 停车场在哪里？
2. 租来的汽车在哪里？
3. 要离开停车场，你需要穿过哪里？
4. 在停车场外面的那条路向右拐弯以前，你会看到什么？
5. 过了第二个岔路口，你需要找到什么？
6. 你需要从高架桥上面还是下面通过？
7. 你需要走哪条高速路？

将书倒过来查看正确答案。

答案：
1. 机场前方
2. 租车的停车场前方
3. 栅栏
4. 一个三岔路口
5. 一个环岛
6. 都不需要
7. 379号东高速路

这次回答问题是不是容易了？我们在实验中发现，大部分测试者第一次都会答错。看到地图后，他们就不容易弄错了。

我们请你参与这两个学习挑战，是出于以下原因：

- √ 为了说明同样的内容，如果以不同的方式表现出来，会对学习和记忆产生不同的影响。
- √ 参与、做出反应并接受反馈——这是取得最佳学习效果的关键。
- √ 让你熟悉本书的风格——有趣、简单并充满挑战，虽然轻松，但关注的却是一个严肃的主题。

进入正题之前，为什么不再参与一次呢?

在表 1-1 中有一些成对的选项，请在每对选项中最接近你的学习情况的那个前面打钩（每对只能从 A 栏或 B 栏中选择一项）。

表 1-1　组对描述

A 栏	B 栏
□ 当我不懂这个知识时，有人向我解释	□ 当我不懂这个知识时，我与他人一同讨论
□ 我观察别人的演示	□ 我参与演示并进行尝试
□ 我参加由老师向我们单向输出信息的课程	□ 我参加了一些老师与我们互动的课程
□ 我为了公司而研究	□ 我为了自己而研究
□ 学习内容细节很多	□ 学习内容精简而有意义
□ 呈现给我的东西是按照其内容的逻辑顺序组织的	□ 呈现给我的东西是按照我的学习方式的逻辑顺序组织的
□ 别人向我展示事情是如何做的	□ 我开始自己尝试做事
□ 我参加了长期的学习课程	□ 我参加短期的学习课程
□ 我在正式的指导下学习	□ 我在非正式的探讨中学习
□ 别人告诉我事物的原理	□ 我自己探索事物的原理

我们曾让很多成年人填写这个表格，根据他们的回答结果，我们猜想，你会在 B 栏中的大多数项目前打钩，而只在 A 栏中选择少数几项。一般来说，你回答的结果不会出乎我们的预料。然而，真正让我们惊讶的是，那些身为教师的人也会在 B 栏中几乎所有项目前打钩，但是当我们观察他们的教学过程或者培训别人时，他们会按照 A 栏描述的内容对待学生!

我们一次又一次地发现，人们在自己学习和帮助他人学习的时候采取的做法是截然相反的，真是矛盾！这种矛盾也是本书写作的主要原因之一。

本书创作意图

开场白讲得够多了，让我们看看本书到底讲些什么。在培训中，有很多符合传统但不符合事实的看法和误导行为，虽然是出于好意，却阻碍了人们有效学习。我们写作本书有两个主要原因：①消除对培训指导过程带来负面影响的因素；②在能力所及的范围内，帮助你成为最高效的培训师。《交互式培训》第2版有以下4大功能。

√ 将有关学习和培训的不符合事实的看法和基于研究的结论区分开来。我们利用很多例子和练习，通过非学术的方式来做到这一点，目的是让你提出疑问，并且拒绝接受教学和培训界中很多人持有的不符合事实的观点。

√ 以轻松友好的方式表达我们的思想，我们相信这比严肃正规的方式有效得多。但是，不要被本书的轻松风格所迷惑，书中所有内容都是以“如何成功地帮助人们学习”这个主题的研究成果为基础的。

√ 提出务实的建议。本书的其中一位作者曾经花了40年了解和研究人类的学习过程，并把其发现转化为具有实践性的建议。另一位作者拥有30年的人类学习和绩效管理经验。两位作者共同从事“如何帮助人们学习”这一主题的研究。

√ 本书最重要的功能就是分享我们毕生所学。本书的写作目的是为你而设计——希望你能通过与本书的互动，成为比我们还要高效的培训师。

你觉得怎么样，我们的介绍是否燃起了你的热情？如果答案是肯定的，那就让我们开始吧——下一章是全书的介绍部分。

CHAPTER 2

第 2 章　对一些“熟悉的术语”进行说明

本章要点

√ 说明“熟悉的术语”
√ 本书的主旨
√ 多种媒体的运用
√ 本书内容概览

基本词汇

培训、指导、教育、学习，我们经常互换这些词。不过，当我们多加分析后，会发现每个词都具有独特的含义。这四种活动既独立又互相联系，帮助我们培养不同类型的技能并获取各种知识。让我们再次辨析这些词的意思，建造一个有价值的词汇库。

培训

假设你想让你的狗听到命令后马上坐下，请在下面三项中选择你最可能做的事：

☐ 培训你的狗

☐ 指导你的狗

☐ 教育你的狗

你可能会选“培训你的狗”，因为这样说听起来最顺耳，另外两个词用在狗身上听上去有些古怪。

如果我们深入发掘就会发现，培训狗时，我们希望它准确地做出特定的动作，我们还希望它能服从命令并保持这一状态。例如，你说“坐下”，它就坐下。培训方法越有效，狗的反应就越准确、越迅速。在“培训”中，我们的目的是改变学习者（包括狗），使其做出反应。集中培训能够使学习者重复学到的行为，减少犯错次数，提高行动速度，并且做出更加符合实际情况的反应。请阅读下列内容，并在你认为适合进行培训的活动前打钩。

☐ 打字

☐ 组装一支步枪

☐ 陈述规则

☐ 表演复杂的溜冰动作

☐ 背诵乘法口诀表

☐ 在屏幕上选择正确的符号

☐ 进行全套的紧急停车流程

如果你在每一项前面都打了钩，那就答对了。你觉得这类培训听起来枯燥无味吗？我们只能说还好吧。学会一些你能自动并且毫无变化地做出的反应，是一种不可或缺的学习类型。难道你认为诸如给物品命名、切西红柿或者登录电脑账号之类的行动不应该有一个固定的操作流程吗？心智或身体上不假思索地做出的某些反应对我们的生活至关重要（例如，更换汽车配件、刷牙、辨识字母和单词等），它们可以减少我们的认知功能负担。培训能够简化我们的生活。

指导

“指导”帮助学习者超越具体的学习内容，概括地领会主旨。仅仅能够下意识地重复学到的行为，绝对不是只有人类才具备的能力。人类区别于其他动物的要素之一是能够接受指导。

举一个例子，在法语中，规则动词的不定式形式以“er”结尾，比如，动词donner（意为“给”）是规则动词，demander（意为“问”）也是规则动词。那么，下列动词中，哪些属于法语的规则动词呢？

☐ choisir（选择）　☐ vendre（卖）　☐ chanter（唱）

☐ apporter（拿）　☐ nommer（命名）　☐ vouloir（想要）

虽然你可能不太懂法语，但也能参照上面两个单词的例子选出正确的答案：apporter、nommer和chanter。如果你是这么选的，那么félicitations（祝贺你），你答对了！

在工作中，我们需要大量的指导。以安全问题为例，虽然我们可以事先假想出很多种不同的安全危机情境，并能找到相应的处理方法，但是，无论考虑得多么周到，总有事先培训中无法涉及的细节和情况，所以，学习者应该超越所学内容，自己总结经验。

和培训一样，指导的目的是培养新的技能并获取知识。表 2-1 展示了这两个词之间的主要区别。

表 2-1 培训和指导之间的区别

培训使你……	指导使你……
1. 准确地重复所学内容 2. 自动做出反应 3. 无论何种情况下都保持不变地施展所学内容	1. 超越所学内容，自己总结经验 2. 三思而后行 3. 灵活运用所学内容

为了确保你能明白，请在下面各项中你认为需要培训的项目前标注“T”，需要指导的项目前标注“I”。

1.____点燃打火机。

2.____发出法语单词 manger 的音。

3.____为某位顾客选择合适的产品。

4.____回应顾客的投诉。

5.____在主板上安装特定部件。

6.____打一个平结。

第 1、第 2、第 5 和第 6 项是需要进行培训的（不加变化地重复）。第 3 和第 4 项需要指导，因为每位顾客都不同，每条投诉也不同，这些活动需要从学习中总结，在行为上做出调整并适应。

教育

第三个关键术语是“教育”。你可能已经察觉到与“培训”和“指导”相比，“教育”的词义涵盖范围更广，所指时间更长，而“培训”和“指导”的时间短，关注范围狭窄。“教育”包括积累各种经验并高度总结学到的内容，与学习明确的知识点相比，更多的是从榜样的行为中进行信息提取和学习。教育的目的是建立整体性的心智模型和价值体系。

接下来将“教育”的概念放在工作环境中考虑，我们以安全问题为例。通过培训，我们能够学会特定的安全措施，如发出警报、激活灭火装置或者拨打火警号码。通过指导，我们能获得判断新的安全危机的能力，或者在出现从未遇到过的紧急情况时采取行动。通过教育，我们会在生活中建立全面的安全意识，预测可能发生的危险，采取措施避免、应对突发事件，创造安全的工作条件，做出符合安全原则的行为。

身为父母、教师或者工作场所的专业培训人员，培训、指导和教育这三种行为我们均会采用，每一种都有其特定的意义。假设你负责为一家技术服务中心（在这里，客户服务专员帮助打来电话的客户解决技术问题）进行技能培训和知识教学工作，请你在下面各项中认为需要培训的项目前标注“T”，需要指导的项目前标注“I”，需要教育的项目前标注“E”。

1.____记录来电内容。

2.____调查并弄清问题。

3.____记录客户信息。

4.____对客户的遭遇表示同情。

5.____陈述针对某一特定问题的解决步骤。

6.____了解客户已经采取了哪些行动，以便纠正其中的问题。

7.____在填写报告之前选择来电代码类型。

第 1、第 3、第 5 和第 7 项是最需要培训的，第 2 项最好采用指导的方式，第 6 项多采取指导方式，但在某些方面还需要教育。你必须学习如何从客户那里获取信息，这需要培养倾听的技巧，如果你能与客户建立融洽的互动，就能得到高质量的反馈。最后，第 4 项是一种较难掌握的技巧，不是人人具备的，表达的效果取决于客户服务专员的个人生活经验，以及他在具体行动中获取的信息。一个人想要学会与客户的遭遇产生共鸣，需要接受教育。

综上所述，培训、指导和教育都着眼于使学习者获得知识和技能，每一种活动又以其独特的方式帮助人们学习，但三种活动并不是完全独立的，可以将它们综合运用。这样，即使在培训某种特定的行为时，我们也能通过观点和事例对学习者进行教育。

学习

学习是变化的过程。不要忘记，培训、指导和教育的唯一目的就是让人们学到东西。在第 3 章，我们将更深入地探究学习的内涵。作为培训师，我们可以说是在“改变”学习者。在进行培训的时候——实际情况中，我们用“培训”这个词概括并代表上述三个词的全部含义——我们不仅仅是传播信息，还要改变人，即借助适合学习者和组织的方法及途径来改变学习者。

现在，大多数企业已经将传统的“培训”部门改为“学习与发展”小组，甚至称为“职场学习与业绩”团队。对于培训的侧重点很明显已经转变成通过学习取得更好业绩。

两个关键原则：培训师、教练或者教育者的“修炼秘籍”

请将室内的光线调暗，在地板上画一个圆圈，盘腿坐在里面，闭上眼睛，全身放松。然后，口中重复“以学习者为中心……以绩效为基础……以学习者为中心……以绩效为基础……”这几句话。为什么要这么做呢？因为这是改变学习者的两大关键点，让我们分别阐释一下它们的含义。

以学习者为中心

假设你是一名会计师，有人请你下周主持一个培训课程，参加者是一些技术人员和专业人士，他们最近刚晋升为经理。你的任务是向这些非金融专业出身的人讲授现金流管理方面的知识。那么，你将如何进行准备呢？请如实回答，并在下面的栏目前打钩，选出最符合你的选项。

□ A. 收集有关现金流管理的资料，阅读包含关键概念和术语的资料。按照逻辑顺序编写内容大纲，确保授课内容涵盖所有重点。钻研并预演授课内容，使你的讲解听上去更可信，并且有能力回答学习者提出的授课内容范围内的问题。通过知识点和练习相结合的方法，生动地说明什么是现金流以及它的用途。最后，检验你的授课内容是否准确且最新。

□ B. 收集学习者工作中可能涉及的与现金流有关的内容，以及符合其专业背景和经验的现金流管理信息。调查并确认学习者担任经理后遇到的现金流问题，把他们对现金流管理方面的需求列成清单。通过符合实际情况的案例和工具帮助学习者获得足够的能力。总结学习者如果在现金流管理方面做得出色会带来哪些益处。

根据经验，我们发现大多数人在这种情况下都会选 A，但是，更适合的答案是 B，它关注的是学习者的需求、担心、愿望、恐惧、困难及特点。选项 A 倾向于灌输和传播知识，其中心是培训师。选项 B 倾向于培训和改变，重心放在学习者身上。

以绩效为基础

无论是培训师、教练还是学习者所记录的大部分课堂笔记都充斥着各种信息，内容极为庞杂。人们普遍认为，“更多”等同于“更好”。大家也经常听到培训师抱怨“我没有足够的时间讲解所有内容”。

请你做一道简单的选择题。假设你需要给一组技术人员讲解检测某个环节的全新方法，那么，你希望学员们：

☐ 了解这个新方法。

☐ 正确地工作。

显然，你会选择“正确地工作”。当然“了解这个新方法”也不错，但是“正确地工作”显然更重要。我们希望他们有能力做出正确行为，而不仅仅是纸上谈兵。第一个选择是以内容为基础的，而第二个选择则是以绩效为基础的，即能够灵活地根据实际情况采取行动。

“以学习者为中心……以绩效为基础……”是本书的“秘籍”和观点的核心。以培训师为中心和以内容为基础必然导致信息单向地灌输和传播，只有以学习者为中心和以绩效为基础才能实现培训和改变学习者的目的。

现场培训和借助远程技术手段培训的效果是相同的

读到这里，你也许会觉得培训最好采取面对面指导的方式，但是 50 年来的研究成果证明，可以利用多种媒体进行培训和指导。数百项研究结果告诉我们，信息传播的有效性并不由信息的载体决定，而是取决于信息组织和设计的方式。无论我们是现场授课，还是通过写作成书、录制视频或者借助电脑传播我们的观点，信息传达的成功与否不在于选择了何种媒介，而是我们如何组织这些信息。

本书倡导的观念是，无论你是在现场培训还是通过任何其他媒介（如视频、电脑或者仿真实验室）进行学习，取得的效果都是一样的。而无论采取何种形式灌输知识，都会导致学习者被动地学习，教学者和学习者之间的交流是单向的，教学者只是单纯地传送信息。真正的“以学习者为中心”和“以绩效为基础”的培训、指导或教育需要教学者和学习者对话——进行交流和有意义的互动——从而改变学习者。无论是通过印刷品还是复杂的电子技术进行指导，效果只取决于学习内容的设计和安排。

在第 10 章和第 11 章中，我们会专门介绍如何运用科技手段进行培训。我们会向你介绍把科技手段运用在学习中的最新趋势，帮助你有针对地选出适用于你所在环境的科技手段。

本书有哪些内容及为何这样安排

我们充分考虑了本书的内容及其编排方式，下面几点是我们在选择讨论材料及使用这些材料的方式时所遵循的原则。

- ✓ 从学习者出发，时刻关注学习者。
- ✓ 讨论的原则适用于所有类型的学习：如心智（认知）、身体（运动）、情感（心理），以及它们的综合。虽然每一章各有侧重点，但我们认为所有类型的学习是同等重要的。你会在本书中找到表现每一种学习类型的实例，包括单独表现某种类型，或者几种类型的混合。

√ 基于对学习的研究，构建了一个多方位适用的综合培训体系。作为本书送给读者的特殊礼物，该体系是一个对用户非常友好的模型，甚至可以让你根据它改进和更新已有的培训项目及指导材料。本书专门用一整章（第6章）来介绍这个模型，并时时提到和引用它。

√ 本书包括学习策略和活动，并配有实例，让读者可以马上加以应用。

√ 为你设计成功的培训课程提供实用的工具。

√ 提供可以有效评测你的培训效果的方法。本书用了一整章（第9章）的篇幅阐述如何测试培训效果，以及如何根据学习类型选择和设计测试的内容。

√ 带读者进入科技世界，用一种便于理解的方式学习，整合培训与学习原则。关于本内容的完整介绍见第11章，这会使读者开始考虑日常环境中所需的科技手段。

√ 指出有关培训和学习的不切实际的看法并加以指正，以便读者去芜存菁，明确哪些是科学的结论并能够成功地学习。读者发现了学习中的正确项和误区后，能够提高自身的技能，增强自信，可以更加游刃有余地处理那些耗费组织时间、能量和资源的问题。

√ 总结了一些实际心得和观点，以便读者在实践中更好地运用和巩固通过本书学到的东西——包括“交互式培训”“你的目标是改变学习者，而不是单纯地传送信息”等。

请记住

- √ 培训、指导、教育……是触发学习行为的手段。
- √ 培训、指导和教育的唯一目标就是让人学习。你的任务不是传送信息，而是改变学习者。
- √ 作为培训师、教练或者教育者，你的秘诀是“以学习者为中心，以绩效为基础”。任何不符合这两大原则的培训方式都只是单向传送信息，可能导致不良结果。
- √ 现场培训和采用远程技术手段，效果都是一样的。媒介并不代表信息本身。本书强调的原则是，不要在意你使用了何种信息载体，而应专注于你采用了何种改变学习者的互动形式。

CHAPTER 3

第 3 章　人类学习者

本章要点

√ 参观和了解人类学习者的身体和大脑
√ 阐释什么是学习
√ 人类学习者的能力和局限

欢迎来到对培训师来说最重要的人类（学习者和你）的身体和大脑之旅。为什么要参加这次“旅行”呢？原因有二。第一，如果你希望改变一个人，就应该尽量了解对方的个性和能力。本章将为你详述人类学习者的相关信息并进行深度分析，从而提高你的培训能力，取得最佳的效果。第二，大部分谈论培训的著作都聚焦于“指导性的促进因素”，即“你应该如何做才能成为伟大的培训师或者培训课程设计师”，却很少告诉大家学习者是怎样处理和吸收这些促进因素的。如果不了解学习者是如何接收、处理及检索我们传递给他们的信息的，我们又如何能成功地改变他们呢？要研究学习者，让我们首先从对“学习”做出定义开始。

什么是学习

在给出我们的定义之前，先暂缓一会儿，请用你自己的话来描述何为“学习”，并写在下面的方框中。

本质上，学习是一种变化和适应的过程。每个物种都有其特定的基因，具有固定的遗传特性——“种瓜得瓜，种豆得豆”。人类亦是如此。我们之所以能轻易地将人类与非人类物种区分开来，是因为人类有着太多的共性。但是，同一物种的不同个体却是不同的，这些不同对我们的生存来讲至关重要。环境的变化、个体的变化导致同一物种内的某些个体优于其他个体，能更好地适应环境，这促成了物种的进化并使其在不断适应中生存下去。

人类拥有强大的学习能力，这是与生俱来的基因特点。这种学习能力允许我们从环境中接收信息。适应能力越强的个体，特别是在生命早期，越能更快地学习，他们比其他人能更加迅速地发现周边环境中存在的机会和危险，并将这种学习能力遗传给后代，如此这般，代代相传……如今，人类已经进化成了具有难以想象的强大学习能力的有机体，地球上的任何其他生物都无法与我们比肩。这是好的一面。

坏的一面是，我们的基因是根据一个不再存在的环境排列的，一个物种只有经过几千个世代的演进才能出现巨大的变化。不妨想象一下，假设每 25 年（繁殖并抚育下一代的平均时间）出生一代人，那么，公元元年到 2000 年，一共产生了多少代人呢？

2000 除以 25 等于________

80 代人！在这么短的时间里人类这个物种根本不足以改变。但是，两千年来，这个世界对待年轻人的态度和方式又发生了多大的变化呢？即使人类有一万年的历史，经历了 400 代的演进，那也不过是生物进化史中的沧海一粟，在物种方面也不会有显著的改变。

大家应该还记得，我们说学习是一种改变，是一种适应新信息的能力。虽然学习是人类固有的、天生的内在能力，但是，就像体型一样，这种能力因人而异。这对培训师、教练、教育者或者培训课程设计师来说是关键问题，你的工作是帮助人们学习并有所改变。重点是促使他们改变，而不是单向传送信息。

下面是三堂培训课程的结果，在你看来，哪一种最为成功？请在相应的一项前打钩。

- ☐ 课程 1：培训结束后，受训者一想起培训师是如何向他们介绍新产品的，就忍俊不禁。他们认为她机智风趣，课程设计非常有趣，很长一段时间都忘不了她。
- ☐ 课程 2：培训结束后，受训者带回去很多产品手册，他们认为，不久自己就得跟很多新产品打交道了。
- ☐ 课程 3：培训结束后，受训者十分熟悉新产品并能将它们销售给客户。

课程 1 显然很有趣，但是，唯一的变化就是大家记住了一位风趣的培训师。课程 2 带来的变化是大家对新产品的数量印象深刻。课程 3 中受训者被成功地改变了，他们有能力完成课程开始前他们无法做到的两件事——熟悉新产品并将它们销售给客户。请为课程 3 的培训师鼓掌！

我们如何学习：感知、过滤和记忆

下面，我们迅速带领大家“游览”一下人类的大脑和身体，体验一下学习是一个多么让人入迷的过程。让我们先从感觉开始。

感觉与感知

将自己想象成一位学习者，身处大千世界，只有你和外部世界。

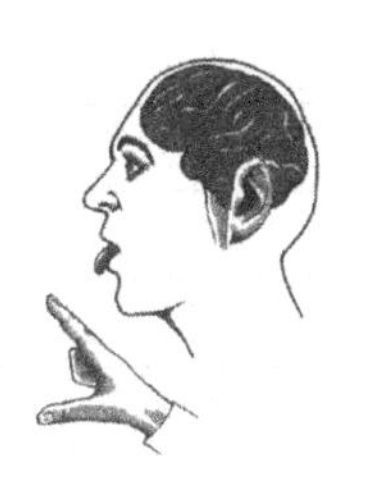

是什么把你和外部世界联系起来的呢？信息是怎样从外界进入你大脑中的呢？答案是通过你的感觉。人有多少种感觉？请将你的猜测填在下面的方框里。

你的猜测：

答案：5 种。

请花一点时间完成两个任务。在表 3-1 中写下 5 种感觉，这 5 种感觉是我们信息输入的来源，我们从外部世界获得的每一条信息都由它们传递。在每一种感觉名称的右侧，请估计并写下你认为有多少感官信息输入来自这种感觉，或者与其他感觉相比较，估计一下每种感觉对信息的处理能力（即在相同的单位时间内，借助每一种感觉，我们能够收集多少信息）。假定每一种感觉功能都能完美地运转，没有出现任何问题。

表 3-1 感官信息百分比（估计）

感 觉	信息百分比
1.______	______
2.______	______
3.______	______
4.______	______
5.______	______
总计	100%

答案在表 3-2 中。

表 3-2 感官信息百分比（实际）

感 觉	信息百分比
1. 视觉	83.0%
2. 听觉	11.0%
3. 嗅觉	3.5%
4. 触觉	1.5%
5. 味觉	1.0%
总计	100%

感到惊奇吗？如果你推理一下，就不会再惊讶了。假设你站在山顶上，天气晴朗，你能看多远？也许 50 英里[一]，或者更远。你能听到多远距离以内的声音？ 1 英里～2 英里。你能嗅到多远距离以内的味道？如果没有风的话，10 码[二]～20 码。触觉呢？一臂之遥。味觉呢？……

让我们做个简单的实验。闭上眼睛，过 1 秒再睁开，请注意你看到了多少东西（包括形状、颜色、质地、深度、空间、位置等）。如果你听管弦乐队演出，你在 1 秒内能听到多少音符和旋律？那么嗅觉、触觉和

[一] 1 英里≈1.6 千米。

[二] 1 码≈0.9 米。

味觉对信息的处理能力又如何？这个实验证明了我们的视觉是多么强大。在同样的时间里，听觉无法处理如此多的信息。嗅觉不如听觉，触觉不如嗅觉，味觉的局限最大。

重点在于，作为培训师，应该记住学习者具有多种感觉，每一种感觉的信息处理能力又不同。显然，视觉对学习者来说相当重要，因为它是最主要的感觉。听觉也非常重要，因为我们通过听觉捕捉和学习语言，特别是在童年早期，语言提供了用来命名和解释现象的词汇和概念。这两种强大的感觉共同帮助我们感知周围的世界。人类的 5 种感觉是把学习的内容输入我们大脑的端口。

我们越是让学习者按照有组织、有意义的逻辑顺序进行感觉，学习的过程就越容易。

尽管如此，还是要注意。很多多媒体教学的倡导者都以多感官为特点宣传多媒体教学的系统方法和目标，并宣称综合运用多媒体对学习很有效果。其实，这种得到拥护的主张并没有得到研究证据支持。多感官教学的概念起初可能会取悦很多学习者，尤其是结合了视觉和听觉的呈现。事实上，有研究证据显示这可能会摧毁学习者的信息处理能力。使用吸引人的、具有“诱惑力”的元素除了给学习者的信息处理系统增加不相关的“噪声”外什么用处也没有。空间与时间上的多感官输入相比于联系不够充分的视听（甚至其他）感官信息还是有差异的。证据显示，前者会使人受益，而后者往往使人的学习产生缩减（消极）效果。

对刺激的过滤：脑干、自主神经系统、内分泌系统

你的感官系统常年遭受着信息的狂轰滥炸，你能察觉到所有这些信息吗？

☐ 是的　　　　☐ 不是的

请你做个自我测试。在我们提出上述问题之前，你能察觉到身上穿的衣服对身体的每一次摩擦吗？你能捕捉周围环境中的每一种声音吗？当你全神贯注的时候，噪声是否就消失了呢？人类具有选择性地接收和过滤环境信息的能力，我们只关注那些看起来有用的信息。你认为这个能力是不是很不错呢？

□ 是的　　　　□ 不是的

从人类的生存本能角度来看，这个能力是非常有用的。如果我们能够察觉到周围环境中的每一条信息，或许就无法忽略和删除无用的信息。比如，“一只狮子对我们虎视眈眈”，这就是对我们有用的信息，需要我们全力应对，而此时“身旁有美丽的蓝色花朵”这种信息就不应该分散我们的注意力。

人类的大脑是一个能够处理各种信息的有机体，如图 3-1 所示，自主神经系统的功能之一就是自动地过滤那些无用和不相关的感觉，监控人的感官，自动调节我们对周边环境刺激的感知。自主神经系统还能刺激肾上腺素的分泌，加快心跳速度，从而使心脏泵出更多的含氧血液，输送给肌肉从事各种活动。特别是呼吸也由自主神经系统控制，它让我们对某些环境信息产生警觉或者忽略。

注意力和呼吸一样，是自动控制的。你不妨试着有意识地控制一下自己的注意力和呼吸，这种有意识的控制结束之后，它们又会回到自动控制的模式。从培训的角度来看，这非常重要。无论是通过面对面、电脑还是录像带等媒介培训，只要学习者潜意识中觉得培训内容并不能满足其需求，自主神经系统就可能把培训内容过滤掉，以致学习者什么都学不到。

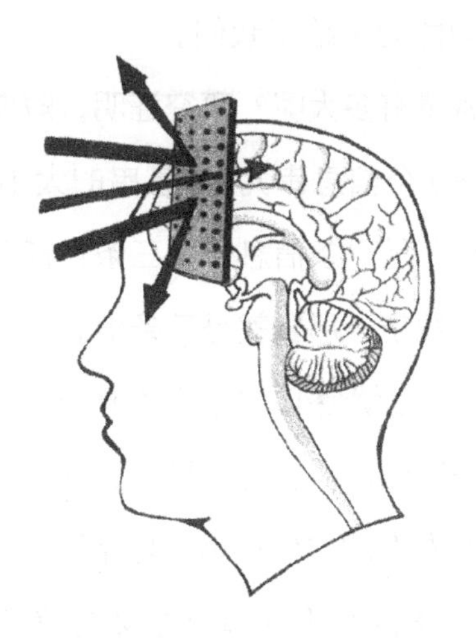

图 3-1　自主神经系统过滤外部刺激

短期记忆：时效和容量

通过了感知过滤器的信息，会进入短期记忆系统，该系统具有信息处理功能，会将信息进行分拣，抛弃一部分，剩下的则进入长期记忆系统。短期记忆时效有多久呢？假设你在一堂培训课上接收了一条信息，如果不去处理，任其消失，它会在你的脑海中停留多长时间呢？

☐ 10 秒～15 秒

☐ 1 分钟～2 分钟

☐ 1 小时～2 小时

如果未经处理，进入短期记忆系统的信息几乎会立刻开始消退，10 秒～15 秒后完全消失不见。短期记忆系统就像一个缓冲区，信息迅速填满这个区域，然后又迅速清空。这是因为生存本能要求大脑以惊人的速度对信息进行处理、分类、删除或存储。我们应该感谢了不起的祖先，他们将自己卓越的学习能力传给了我们。

短期记忆系统的容量有多大呢？研究证明，短期记忆系统能够同时容纳5～9条信息（或5～9个信息串）。信息串的大小取决于学习者之前的知识结构。例如，“213”是一条信息还是三条？答案要看具体情况。如果学习者将其识别为三个数字，那么就是三条信息；如果学习者将其识别为洛杉矶的电话区号，那么他就会把“213”看作一条信息串进行处理。更近期的研究显示，个体差异比之前认为的更大。尽管如此，对于大多数人来讲，很有可能4个字符左右的“信息串”是比较精确的。很可怕，是吧？

进行培训和学习，重点在于创造有意义的信息串，即把若干条信息浓缩为一条，这有利于感知、学习和记忆。举个例子：

- √ 指南针的4个基本方位分别是北（N）、东（E）、西（W）和南（S），在记忆的时候就算作4条信息。
- √ 我们可以记住一个缩写：NEWS（意为“新闻”），在记忆时就只算作一条信息。

通过创建信息串，我们减轻了短期记忆的负担。学习者越没有经验（即学习者之前掌握的知识或信息越少），短期记忆系统填满的速度越快，当学习者的短期记忆系统堆存了过多的信息时，培训师传输给他们的内容也就无足轻重了，他们是不会记住这些内容的。

长期记忆：时效和容量

如果学习者认为短期记忆系统中的信息有存储起来的必要，那么这些信息会进入长期记忆系统。长期记忆的时效怎样呢？回想一下你多年来未曾回忆的童年时代的朋友或者玩具，你能在脑子里把某位朋友或者某件玩具“画”出来吗？如果能做到，说明长期记忆保存的时间的确非常长。其具体时效取决于我们将信息存储在长期记忆“仓库”中的方式，我们可以在多年以后重新找回这些记忆。某些记忆如果并不独特，或许会和其他记忆混淆起来。但是，对于经过有效组织和存储起来的信息，你在一生中都能轻易地回想起来。

下面让我们做一个趣味测试，检测一下你的长期记忆系统。填空完成下面的句子。当然，如果你不知道答案，可以不填。

1. 第一个登上月球的人是________。
2. 九月份有________天。
3. 直角三角形中，________边长的平方等于另外两边边长的平方之和。
4. 9×9=________。
5. 爱因斯坦的著名公式是 $E=$________。

这是个“事实唤起”练习，下面公布正确答案：

答案：
1. 尼尔·阿姆斯特朗
2. 30
3. 斜边
4. 81
5. mc^2

你答得如何？大部分测验者会答对四五道题。尽管他们已经多年不接触这些知识了，但其中蕴含的信息却留在了大脑里。

在容量方面，长期记忆系统几乎是无限的。人类大脑具备存储浩如烟海的信息的能力，不用担心你的长期记忆系统会被填满，重点不在于如何存储信息，而在于如何检索信息。

对于学习者和培训师来说，这意味着什么

学习者一般是愿意学习的，培训师也希望学习者学到东西，但学习的方法和学习的本质之间往往会产生矛盾。不妨把学习者视为处理信息的有机体，具备感知功能和记忆负载方面的局限性。我们必须考虑学习者处理和记忆信息的能力，从而为学习者和身为培训师的我们提供便利，实现有效的学习。请记住以下两个关键点：

（1）学习即改变。这种改变从人的各种感官接收各种信息的那一刻开始。如果信息按照有意义、有组织和有关联性的方式传递，它就能顺利通过学习者脑中的感知过滤器，进入短期记忆系统。

（2）根据学习者的能力和经验水平编制成信息串并经过适当组合，可以更为容易地存储在长期记忆系统中，检索起来也更方便。

学习是一种精神和心智（认知）结构上的改变，还有可能带来行为上的改变。学习者经历了转变的过程，他们的思想不再和学习之前一样，这种转变使得学习者有能力用新的方法做事情。

请记住

我们用一些简单的回顾性题目结束这一章。请从每一项后面的括号中选出最适合这句话的词语。

1. 设计培训和进行培训的时候，更重要的是关注（学习者 / 培训师）的个性和特点，而不是（学习者 / 培训师）的个性和特点。

2. 学习意味着（记忆 / 改变）。

3. 人类具有（微小 / 强大）的学习能力。

4. 我们的学习能力是由（现在的环境 / 一个不再存在的环境）决定的。

5. 培训之所以出色，是因为它将目标放在（改变学习者 / 传播简明易懂的内容）上面。

6. 我们的每种感觉有着（相同 / 不同）的信息处理能力。

7. 大部分情况下，我们所关注的环境信息和关注的程度是由（自觉意识 / 自主神经系统）控制的。

8. 初学者的短期记忆系统填满的速度（很快 / 很慢）。

9. 学习所需的"分块"信息（方便 / 阻碍）记忆和检索。

10. 长期记忆在信息方面遇到的主要挑战是（检索信息 / 存储信息）。

下面是我们的回答和解释。

1. 设计培训和进行培训的时候，更重要的是关注学习者而不是培训师。所有优秀的推销员都会告诉你：一切从顾客出发。学习者就是我们的出发点，我们不过是学习者和组织取得成功的工具。

2. 学习意味着改变。改变学习者的认知结构，从而引起改变行为的可能。

3. 人类拥有强大的学习能力。我们尚未计算出这种能力有多强，也许永远都不会算出结果。

4. 我们的学习能力是由一个不再存在的环境决定的。人类进化了数千万年，我们天生就有适应环境的能力。现代培训班和研讨班的学习环境与我们祖先的学习环境完全不同。我们利用自身具备的对学习有利的特点，控制那些影响学习效果的因素。

5. 出色的培训，目的在于改变学习者。

6. 我们的每种感觉有着不同的信息处理能力。虽然区别较大，但对于不同的学习要求来说，所有感觉都是不可或缺的。就连味觉这种微不足道的感觉，在人类与食物打交道的时候，也会关乎我们的性命。

7. 一般来说，我们关注什么样的环境信息，以及关注它们的程度都是由自主神经系统控制的。这套无须意识进行控制的系统对于人类在充满危险的环境中生存是非常重要的。

8. 初学者的短期记忆系统填满得很快，因为他们不熟悉的概念、技巧和各种信息串“狂轰滥炸”一般冲击着他们的大脑，使初学者很快就处于“信息过载”状态，大脑的学习系统也会随之关闭。

9. 学习所需的“分块”信息有助于记忆和检索。分块是将某些独特的项目组合成一个单一的、可理解的单元。例如“ BMW ”（汽车制造商熟悉的名字，一个分块）也是一个便于记忆的名称，当你在桌子上“正确”地摆放东西时，它们从左到右的顺序是：bread（plate），main（course plate），water（glass）：BMW。这可以帮助新手服务员正确地绘制一张表格，而且让它在短期记忆中所占的空间远远少于完整的七个单词。

10. 长期记忆系统面临的信息方面的挑战是如何检索信息。将信息转化为长期记忆进行存储，比找到几天、几周或者几个月以前存储的信息要简单得多。作为培训师，我们的挑战是如何将记忆内容组织起来并为检索提供便利。

| 第二部分 |

优秀培训师须知

CHAPTER 4

第 4 章　让学习者学有所成

本章要点

√ 专家和初学者在处理信息方面的区别
√ 知识的不同类型及如何处理各种知识信息
√ 专家遇到的麻烦
√ 培训师的突破口

我们从具备一定知识的人向初学者传授知识的过程中总结出三条常识，并在本章的开头进行介绍。阅读每一项常识时，不妨问问自己下列问题：

√ 这种做法为什么行不通？

√ 应该归咎于什么人吗？

√ 身为知识的传授者或者接收者，我是否曾经遇到类似的情况？结果如何？

场景 1：被迫分散注意力

父亲：好了，盖尔，现在踩离合器——不，不要踩刹车，踩离合器——用你的左脚，不是右脚。

盖尔：我应该快些踩还是慢些踩？

父亲：快些踩下去，但不要太快。现在，挂到一挡，然后在踩油门的同时松开离合器。

盖尔：我应该快些挂挡还是慢一些？我应该用左脚踩离合器吗？动作应该快还是慢？

父亲：快慢不重要，我是指挂挡速度。你问是否用左脚？当然，用左脚。这样做……不……不……你油门踩得太过了！

盖尔：爸爸，车子跳起来了，我该怎么办？

父亲：踩离合器！松开油门！踩刹车！噢，不！看看你干了什么！

盖尔：我讨厌开车！我讨厌你！我不学了！

场景 2：像做樱桃派一样容易

年轻人：奶奶，我喜欢吃你做的樱桃派，你能告诉我配方吗？我可以自己做一个。

奶奶：好吧，我说说看。你需要很多面粉、一些糖、鸡蛋和牛奶。

年轻人：需要樱桃吗？

奶奶：真是个傻问题！当然了，没有樱桃能做出樱桃派吗？

年轻人：多少面粉？多少糖？其他东西的用量呢？

奶奶：噢，我估计你大约需要三杯面粉……或者四杯？还有糖……让我想想……你知道，我不敢肯定，不是挺奇怪吗，我已经做了 60 多年樱桃派了。

年轻人：你的意思是，你无法告诉我怎么做樱桃派，奶奶？

场景3：兴奋过度

老练的客服专员：下面我们来讲讲你的工作最重要的部分之一——将停电计划告知客户。

客服专员新手：我要给每位客户打电话吗？

老练的客服专员：不……是的……不。好吧，可以这么说。我是指你不必亲自打每一个电话，你可以把语音信息录下来，然后发出去。

客服专员新手：我怎么知道打给谁？

老练的客服专员：查询客户数据库，然后根据受到影响的输电线路找出正确的客户地址。

客服专员新手：我怎么知道哪些输电线路受到了影响？还有，数据库在哪儿？

老练的客服专员：（失去了耐心）从工单上找，数据库在电脑里。

客服专员新手：我会在数据库找到他们的住址和电话吗？

老练的客服专员：（生气地）不。只能找到输电地址。你知道，就是与变压器或分界点有关的字母和数字的组合码！

客服专员新手：你说什么？

我们来分析一下这三个场景中究竟发生了什么。你可以把自己对前面几个问题的回答与我们的答案进行比较。

这种做法为什么不可行？在上述场景中，显然学习过程推进得很慢。在每个例子里，都有一位对学习者进行指导的相关问题的专家，还有一位初学者。你一定会想，既然这些专家懂得那么多，他们应该能毫不费力地教会别人，但是，如果专家和初学者处理信息的方式不一样，就不可能成功。其实，专家越是专业，他们与初学者的思维方式差异越大。

的确，你第一次去某个地方的时候，一定向别人问过路，你们之间一般会展开像这样的对话。

> 指路者：你沿着米尔克里克公路，向西前进几英里，直到看到学院路为止，在这里下了公路，向北开，对了，这里距离费尔莱专卖店只有几英里路程，离这家店还有一个街区的时候，你得拐进一条小巷——有点难找，因为有树挡着，但是小巷后面有一家约翰尼比萨店。
>
> 问路者：(迷惑不解) 米尔克里克公路在哪儿?
>
> 指路者：你现在就在米尔克里克公路。
>
> 问路者：但是路牌上写着“10 号高速路”。
>
> 指路者：是的，这就是米尔克里克公路，只要按照我说的走就对了。

你看，熟悉路的指路者与第一次来这里的问路者思考问题的方式具有多么大的差异。我们必须找到适当的解决方法，否则问题会越来越复杂。

这是谁的问题吗？简单来说“不是的”。在每个例子中，包括最后的例子，双方都想达成成功。双方都全力投入并积极参与教学环节，不过还是不尽如人意。

结果如何？学习效果未达预期。我们至今还没听说谁从来没遇到过上面的情况。大家普遍相信，想学点什么，最好问专家，却不考虑专家与新手看待世界的方式有何不同。另外，最关键的是，我们从不关心采取何种学习方法。

有个例子很能说明问题。给象棋新手和专家级选手展示象棋游戏进行到某个阶段的棋局，然后把棋盘盖起来，让他们根据自己的记忆重现刚才的棋盘布置，你认为谁会重现得更加准确？

☐ 专家级棋手

☐ 新手

专家级棋手做得非常好，他们感知的是棋局的模式，将信息模块化，不会让短期记忆里充斥细节。而象棋新手则盯住每一个棋子，因此记忆效率非常低。这两类人看世界的方式有着显著区别。

不同类型的知识：陈述性知识与程序性知识

下面请你做一道题。你住在一座公寓或者一栋房子中，你可能每天都生活在那里，至少是经常待在那里。在某种程度上，你对自己的家非常了解，可称为专家。请在下面的方框中，写下你家中的窗户数目。如果你现在就在家里，不要去数有多少扇窗，凭记忆回答。重要的是准确，请开始。

窗户数目：☐

除非你最近刚刚换了窗户或者买了窗帘，否则你不会马上答出来。根据我们的经验，首先，你会在脑中勾勒出家的样子，然后假想自己在房间中走来走去，如果是复式房，你会一层一层地想象。如果我们在一旁看着你，也许会发现你的眼睛转来转去，似乎在心中把整个家逛了一遍。你在默数窗户数目时，嘴唇还可能微微动一动。这些都是再平常不过的反应了。但是，你为什么无法立刻答出窗户的数目呢？这是你自己的房子呀。这个问题的答案也能够解释前面几个场景出现问题的原因，请继续读下去，自己发现答案。

请大家来熟悉一下这两个术语：陈述性知识和程序性知识。它们是破解许多学习奥秘的钥匙。

人类的大脑非常奇妙，它是一个错综复杂的系统，由几百万个各司其职的独立“元件”组成。但是大脑的各部分并不是统一行动的，它们能够分别对不同的刺激做出反应、进行不同的活动。大脑的多数部分能够完全察觉到其余部分的活动。处理学到的信息就是大脑所从事的活动之一，这些信息来自外部世界，被吸收并转化为知识。使我们有能力为事物命名、阐释道理、谈论问题的知识，叫作陈述性知识。地球上再没有其他物种，甚至那些与人类最接近的动物也没有能力学习和使用陈述性知识。

请看以下列出的 4 项内容，然后在你认为需要陈述性知识的选项前打钩。

☐ 1. 说出法国的首都是哪里

☐ 2. 骑自行车

☐ 3. 阐释第二次世界大战的起因

☐ 4. 浏览数据库

第一项和第三项与陈述性知识有关，第二项和第四项则与另一类知识——程序性知识有关，这些知识赋予我们做事情和完成任务的能力。与只有人类才能具备的陈述性知识不同，所有动物都可以学会程序性知识。

那么，陈述性知识和程序性知识之间的关联有多强呢？让我们自己来寻觅答案。给你家中的每一扇窗户命名，需要掌握陈述性知识。虽然你非常了解自己的家，但你也无法立刻说出窗户的数目。不过，你所擅长的是在各个房间中游走，定位每一扇窗户，这就需要程序性知识。你能“做”，但没有做好“说”的准备，因为人类对陈述性知识和程序性知识的处理方式是不同的。

你会骑自行车吗？你能在自行车上保持平衡吗？针对这两个问题，大多数人会给出肯定的回答。现在，请解释一下，骑车时你为什么能保持平衡不会跌倒呢？你也许会提到蹬车动作、身体从一边移动到另一边、握住车把等。不过，每当我们询问骑自行车的人究竟是如何让车子保持平稳的时候，他们最后往往会说“我无法解释，我只是能做到”。

大多数专业人士也是这样的。我们必须学会去做的很多事情，都不是通过语言掌握的，而是通过多次尝试和犯错慢慢地培养出做这些事的能力。下面要提出一个与培训有关的问题：组织通常会找到某个会做某件事的人（即专家），请他教导新手做这件事。

矛盾出现了，这些专家是通过多次练习才获得了现有的能力，换言之，他们的专业知识属于下面的其中一类（请选一项）：

□ 陈述性知识

□ 程序性知识

通常，他们的专业知识都是以程序性知识的形式呈现的，但是，需要培训其他人时，他们通常需要在短时间内将自己的知识转化为下面的其中一类（请选一项）：

- ☐ 陈述性知识
- ☐ 程序性知识

专家必须将他们的知识陈述出来，学习者才能将这些陈述性知识再次转化为程序性知识，最终达到会以全新的方法“做”某事的目的。举个简单而生动的例子。当一位高尔夫专家告诉你怎样把球直击出去，或者一位溜冰教练告诉你怎样在溜旱冰的时候急停，往往是说（陈述性）比做（程序性）容易得多！

学习方面的研究告诉我们，通过陈述学到的知识，不能立刻转化为程序性知识，除非我们已经具备了类似的程序性知识。反之亦然，程序性知识也无法轻易地转化为陈述性知识。因此，虽然你对自己的家了如指掌，还能在大脑里漫游整座房子并数出窗户数目，但也有可能漏掉一些细节。

我们之前描述的几个场景也可以用两种知识之间的转化困难来解释。

- √ 父亲无法把他的驾驶知识（程序性知识）转化为正确的陈述性语言，即使他能做到，盖尔也无法马上吸收这些陈述性知识并将它们转化为程序性知识。
- √ 奶奶知道怎样做樱桃派，但是无法陈述配方。
- √ 老练的客服专员能够通知客户停电计划，但是显然他把客服专员新手弄糊涂了。
- √ 指路者无法快速用清晰的语言明确指导问路者在米尔克里克公路上找到正确路线。

我们来做个有趣的练习，它展示了专家们是如何在不提供给我们陈述性知识的前提下让我们做事情（程序性知识）的。事实上，我们往往不能够解释（陈述性）我们是如何将事情做对（程序性）的。

纠正下面两句话的语法：

When I were in Paris，I ate a croissant with every meal.（当我在巴黎时，我每顿饭都吃一个牛角面包。）

If I was in Paris，I would eat a croissant with every meal.（如果我之前在巴黎的话，每顿饭我都会吃一个牛角面包。）

你很有可能把每句话都改正确。

答案：

When I was in Paris，I ate a croissant with every meal.

If I were in Paris，I would eat a croissant with every meal.

除非你是一个语法专家并且拥有陈述性知识，否则你不大可能解释（陈述性）得出为什么将以上两句话做这样的修改（程序性）。

这里有一个陈述性的解释。“当我在巴黎时……”陈述了一个“事实”，这在英文语法当中需要一个“陈述语气”。“ was ”这个形式是第一人称单数在一般过去时叙述中的完成式。“假如我在……”陈述了一种可能性，这在正式的英语语法中需要使用“虚拟语气”，即“……的话”，“ I were ”是正确的第一人称形式。噢！你做到了（程序的知识）！可是，你了解所有这些知识（陈述性知识）吗？好吧，无论如何，你已经抓住了重点。

在我们进行这个练习的测试中，几乎没有人知道这样表述是正确形式的原因。有几个人了解“虚拟语气”或能讲出“条件”式，但没有人能够完全将其解释清楚，尽管他们用程序性知识获得成功的概率非常高（顺便说一句，在美国，说“ if I was ”是一种可以接受的非正式的口语形式——更多的陈述性的信息）。

既然已经知道了学习者需要得到什么类型的知识——陈述性知识或程序性知识——我们就能调整将学习内容呈现给他们的方式。如果是陈述性知识，例如，“是什么”“为什么”、回忆事实或者命名等，我们可以开展一些活动，让学习者知道必须学会哪些内容并按照陈述的方式做练习。如果我们希望他们学会做某件事或者使用某样东西，就要采取更为程序性的策略。底线是将学习者必须学的东西与培训、指导、教育的方式结合起来（这一点我们将在第 6 章详加分析）。

关于这两种类型知识，最后需要注意的一点是，获得程序性知识最终会使我们不用考虑我们在做什么而顺畅地做事情。影印和保险索赔都是程序性的工作，我们通过练习都可以专业地处理。尽管如此，如果我们将影印机的模式改得更加“电脑化”——应用按钮和监控板，又或者保险索赔形式和规则变了会怎么样，要如何应付这种改变呢？

“只要环境不变”，产生高效的程序性知识的方法就能使我们提高顺畅度。陈述性知识使我们能够通过解释来概括新情况。学习陈述性知识也许会放慢提升业绩的速度，但却能够使你适应新的需求。我们也许会要求我们的士兵能够组装和拆卸某种他们经常使用的枪械，并达到“自动化”的水平（无须思考就能够完美表现）。但如果他们突然置身于战场而手中枪械又是完全不同的型号呢？没有关于如何操作各类型号枪械的陈述性的思想规则，他们可能不知道该如何确保能够正常使用，在迷惑中纠结，并将他们自己置身于不断增加的危险之中。

当一种知识需要专门的形式介绍时，底线就是说明与实践结合，使它们共同作用以产生更加有效的结果。

学习的关键要素

认知心理学研究显示，有三大因素对我们的学习效率和学习方式产生主要影响：能力、知识背景和动机。我们来详细论述一下。

能力

我们与生俱来的学会新技能和新知识的能力是因人而异的，就像人们的身高和肌肉组织之间存在差异一样，每个人的心智（学习）能力也是不同的。或许有些不公平，但是有些人的确天生更高挑、更苗条、外表更具有吸引力，或者比别人学得更快。

这种学习能力是我们的基因赋予的，对我们的一般学习能力的影响很大。请注意“一般”这个词，一般能力越强，学习效率越高，理解得越快，越能举一反三。显然，像肌肉组织那样，经过塑造和锻炼的理解能力对人类脑力的发展有很大的促进作用。

近期，很多细微差别被加入“能力”构建和它的几乎同义的“表亲”智能（通常被定义为思考问题、分析形势、解决问题的能力，它通过众多的智力测验来衡量）中。通常情况下，一般能力可以分解成非语言能力、具体推理能力和抽象推理能力，研究人员还将它们延伸至“多元智能”。如今，教育心理学家将个体看作多层面的，并且为衡量词汇语言学智能、数学逻辑智能、音乐智能、视觉空间智能、肢体运动智能、人际交往智能、自然智能，甚至是存在智能开发了测试题。不管在什么情况下，这些都被看作人与生俱来的特质。

作为培训师，我们需要注意到，学习者的学习能力各异，必须给那些学习速度不及他人的学习者特殊的照顾，还应该让能力平平的学习者持续受到刺激和挑战，以保持其兴趣。

我们不仅具备一般学习能力，还具有与生俱来的特殊能力。例如，对音乐的鉴赏力、好听的嗓音、运动员般敏捷的行动力，或者艺术天赋等。这些都是有价值的特殊能力，在特定情况下，它们比一般性质的学习能力重要得多。迈克尔・乔丹的篮球天赋、芭芭拉・史翠珊的音乐才能、巴勃罗・毕加索的艺术天分使他们取得了远超过其他人的巨大成就，而他们受过的“培训”也许和其他人是一样的。

知识背景

一般学习能力和特殊能力极大地影响着学习过程，但是，一个人已经学到的知识也会对其以后的学习产生巨大影响。一位杰出的哲学家或数学家，如果学习做木工活，可能还不如一位智力平平的木匠做得好。知识背景可以帮助学习者以更快的速度掌握更多的知识和技能。

让我们来验证一下上述说法。下面是两个法语动词，一个是规则动词，另一个是不规则动词，你觉得哪一个是不规则动词呢？

☐ danser

☐ tenir

在第 2 章中，你已经知道了法语的规则动词是以“ er”结尾的，如果你现在想起这个知识点，就能正确地判定“ tenir”是不规则动词。你的知识背景帮助了你。如果你忘了之前接触过的知识点，也无所谓，只需要更加努力地学习而已。所以，你越了解某个领域，掌握相关知识和技能时就越容易。

动机

我们都见识过强烈动机——那种对成就的渴望——的激励作用，我们也见过相反的情况，那些不在乎、没有动力或者缺乏学习兴趣的人，很少能学到新知识和新技能。我们经常谈论动机及其重要性，可是，什么是动机呢？

动机受到三个主要因素的影响：价值、信心和情绪。

√ 价值。我们越认为某个事物有价值，对它的态度就越积极。在图 4-1 中，我们用纵轴表示动机，用横轴表示价值。请注意，学习者认为某项知识越有价值，其学习动机也就越强烈。如果你希望别人把你视为歌剧或者足球方面的专家，认为这样很有价值，那么你就更愿意（处于积极性高涨状态）学习这些方面的知识。认为某项知识越有价值，学习该知识的动机就越强。

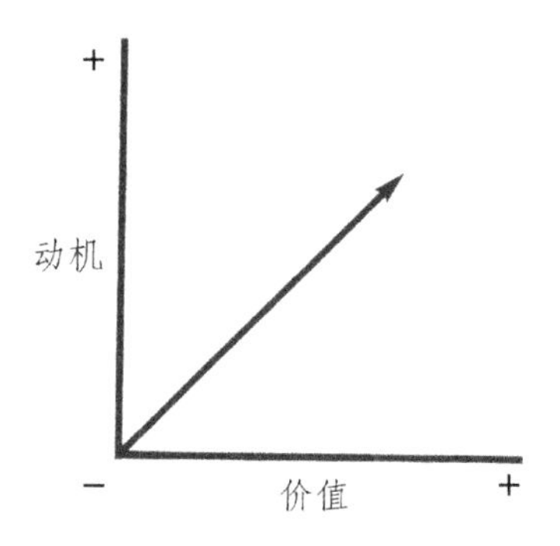

图 4-1 动机随价值上升而上升

√ 信心。如果你觉得自己完全没有学习某种知识的天赋，那么你认为自己有没有尝试的动机？

□ 动机强烈

□ 完全没有动机

答案肯定是第二项，信心不足与动机不足是绝对的因果关系。随着学习者信心的增加，动机也会加强，如图 4-2 所示。

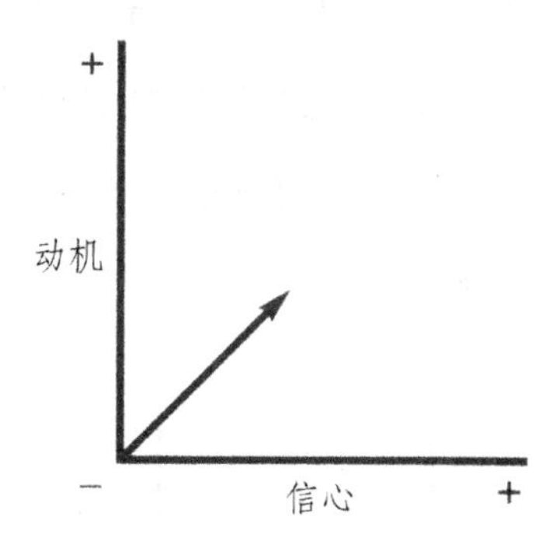

图 4-2　动机随信心上升而上升

不过，过度自信也会使动机减弱。如果学习者觉得“这太简单了，我甚至连试都不用试”，动机会骤然减弱，如图 4-3 所示。

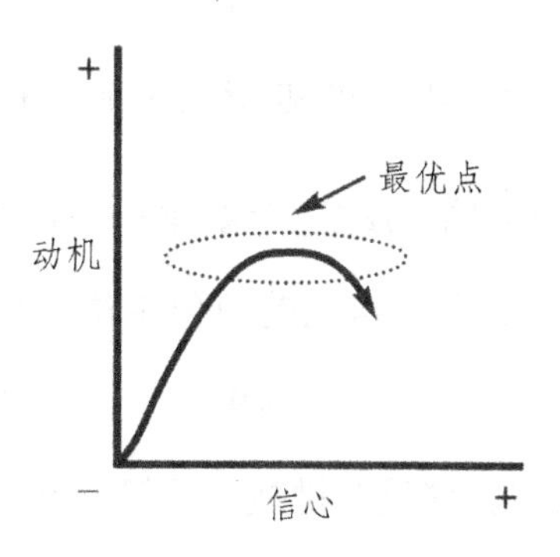

图 4-3　过度自信减弱动机

动机的最优点对应着学习者具备足够的信心、认为自己能够成功的状态，但是，如果过度自信，学习动机就会减弱。所以，动机最优点既是挑战（“我必须努力才能成功”），也是成功的保证（“只要我努力了，就能成功”）。

√ 情绪。大家都知道，如果没有情绪，我们的学习动机会直线下降。个人感受既会影响我们的情绪，又能影响学习和工作的氛围。积极的学习和工作氛围可以改善人们的情绪，从而提高其学习和工作的动机。轻浮、狂躁的情绪会对学习动机产生不可预知的影响。积极的情绪让人心态开放、乐观，不会反复无常或者过度兴奋，如图 4-4 所示。

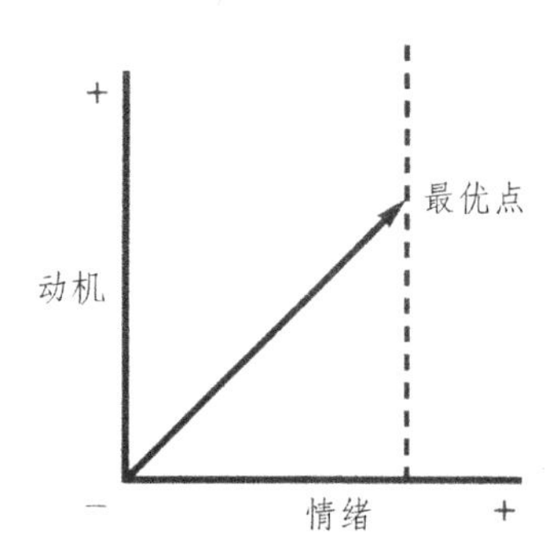

图 4-4 动机随情绪上升而上升

总结一下本部分影响学习的三个要素——能力、知识背景和动机。往往令人满意的培训师都会将自己的角色定位为帮助人们获得足够的知识和技巧来完成他们不知如何完成的事情。让培训师走出自己的专业领域完全“以客户为中心”，这是个挑战。尽管如此，当培训师看到自己的任务完成时，他还是能够得到巨大的满足感。通过观察学习者，揣度他们吸收培训师传授内容的程度，通过加固知识背景，以及通过例证让培训师帮助他们实现自己的价值，培训师高大的形象就是这样一点一点塑造起来的。如果培训的任务仅仅是讲述，那么每个人都能胜任。

对于能力、知识背景和动机的适应程度的差异

能力、知识背景和动机对学习的影响很大，作为培训师、教练、教育者或学习管理者的我们，能否对这些因素加以利用呢？很幸运，答案是肯定的。

能力

虽然我们无法改变一个人的能力，但可以观察和发现他的强项和弱项。这样，我们就能通过下列措施对学习者的情况做出调整和适应。

√ 调整学习时间。

√ 为有需要的学习者提供更多的实践机会。

√ 为遇到学习困难的人简化学习内容，将它分成较短的信息串。

√ 为需要的人提供额外的支持和帮助。

√ 为那些学得比较快的人提供更具挑战性的练习。

√ 提供可选择的学习途径。

置入现代学习管理系统的电脑测试与评估功能让判断学习者们的能力水平变得更容易。电脑测试与评估功能总是用于媒体和大型企业中，可以创造和开发业绩测试，使获得技能的时间可以被追踪，对于学习者们学习选择和学习方式的研究也能提供线索。所有这一切的目的当然都

是更好地判断学习者们的能力及提供必要充足的课程支持。

这些只不过是补偿学习能力差异的一些方法。培训师无论是通过和学习者的现场互动、上网交流，还是根据工作中的实践经验，观察并承认这样的变化，以及适当地修改课程才是关键。

知识背景

如果学习者不具备相关的知识和技能背景，我们可以针对这些空白做出以下相应的调整：

√ 进行正式培训前的准备课程，弥补学习者知识背景上的不足。

√ 在正式培训之前或过程中举行特别的补充课程和活动。

√ 让学习者结成对子或者组成团队，互相帮助和支持。

√ 以大纲或概览表格的形式回顾和总结课前准备的内容。

√ 鼓励学习者访问相关网站以弥补知识和技能方面的不足。

√ 分配任务和分享经历来弥补学习者技能背景和知识的缺失。

除以上各条之外，还有很多可以采取的有效措施，这主要是给学习者提供知识资料和资源，弥补其不足，从而提高学习效率。

动机

根据影响动机的三大主要因素，我们可以通过以下方式弥补动机的不足：

√ 强调所学内容的价值，向学习者展示他们需要的东西，如哪些知识对其有利，他们崇拜的成功人士又是怎样重视这些内容的。学习者越是在学习内容中发现其个人价值，其动机就越强烈。

√ 根据所学内容调整学习者的自信水平，帮助他们建立信心，让他们相信自己能学会，但也要让其接受足够的挑战，从而避免过度自信。

√ 创造积极的学习或工作氛围，气氛越活跃、越开放，学习者的心态越乐观、越积极，越能使其动机增强，提高学习效率。在训练期间要注意挑战的程度，产生焦虑和对失败的恐惧会严重阻碍学习。

请记住，每个学习者都是与众不同的。无论采取培训班、研讨会、现场还是网络在线辅导的形式，你面对的都是性格各异并各具特点的学习者。就最广义的“培训”概念而言，它是对学习者不足之处的补充。想象一下，假设所有学习者都具有较强的学习能力、广博的知识背景及强烈的学习动机，我们会（请选择一项）：

☐ 传授知识给他们，直到他们学会我们教的东西为止。

☐ 把学习资料提供给他们，然后让他们自己学习，只在他们取得进步的时候给予反馈和强化。

选第二项是正确的。具备能力、知识背景和动机的学习者，只需要给他们学习资料和有用的反馈就足够了。他们越是在能力、知识背景和动机方面有所欠缺，就越需要培训师来弥补。是的，这就是我们的工作——补足学习者缺乏的东西，营造和控制学习氛围，为其提供反馈和褒奖成功。

请记住

我们来总结一下本章的重点。当然，大部分工作还是需要你自己来做，请选出你认为最适合下面每一句话的词，划掉不合适的词。我们的责任是向你提供反馈和褒奖成功，而不是去打扰你的学习。

1. 专家和新手对待同样的信息的做法（相似 / 不同）。

2. 与专家相比，信息串的长短对新手而言（较大 / 较小）。

3. 一位专业的机械师是通过学习（陈述性 / 程序性）知识成为专家的。

4. 当邀请上述机械师指导一个小组的工作时，通常需要他把专业知识转化为（陈述性 / 程序性）知识。

5. 机械师的学生们需要在工作中把学到的东西转化为（陈述性 / 程序性）知识。

6. 经常将陈述性知识与程序性知识（解释与实践）相结合，有助于产生更（有 / 无）效的结果。

7. 学习的三大支持因素是能力、知识背景和（动机 / 信息）。

8. 学习者越觉得所学内容（有价值 / 没有价值），其学习动机越强烈。

9. 具备强烈的学习动机、较高的能力和丰富的知识背景的学习者需要（较多的 / 较少的）指导。

10. 培训活动是对学习者（已具备的知识 / 不具备的知识）的补充。

下面是我们的答案：

1. 专家和新手对待相同信息的做法不同。新手的短期记忆很快就被新内容填满了，他们很容易陷入信息过载状态。

2. 与专家相比，相同的信息串对新手而言更长。专家创建的信息串可能包含很多压缩的信息，对于新手而言，每一条压缩的信息都可以称为一个独立的信息串。

3. 专业的机械师是通过学习程序性知识成为专家的——主要是通过做而不是谈论他所做的事情。

4. 上述机械师指导一个小组的工作时，通常要把其专业知识转化为陈述性知识。他要谈论、描述和阐释自己对工作的看法——讲述的内容可能并不完全准确。

5. 机械师的学生们需要在工作中把学到的东西转化为程序性知识。目的是学会做事情。

6. 经常将陈述性知识与程序性知识（解释与实践）相结合，有助于产生更有效的结果。陈述部分为应用提供了结构框架，可以帮助学习者们应对新形势，适应他们所获得的程序性知识。

7. 学习的三大支持因素是能力、知识背景和动机。

8. 学习者越觉得所学内容有价值，其学习动机越强烈。价值和动机成正比。

9. 具备强烈的学习动机、较高的能力和丰富的知识背景的学习者需要较少的指导。我们的指导只能补充学习者的不足。

10. 培训活动是对学习者不具备的知识的补充。学习者的能力、知识背景和动机越强，态度越积极，就越不需要我们。我们要适当地为其提供帮助。

各个组织通常会根据是否专业来挑选培训师，在本章里我们阐释了这种挑选方式给培训带来的问题，说明了培训师仅把学习内容告诉学习者是远远不够的。

我们的培训对象是成年人，他们的成功就是我们的成功。所以，让我们进入下一章，看看如何能从情绪和心智上帮助学习者学习。

CHAPTER 5

第 5 章　成年人的学习原则

本章要点

√ 成年人学习的四大关键原则
√ 情况举例
√ 培训的金牌法则

你是否曾经参与过某项真正给自己带来启发的课程呢？你是否有这种经历呢——通过学习，你真的获得了很多知识和经验；学成之后，你认为自己足以胜任，至少懂得怎样能胜任相关的工作。当然，你也可能遇到如下所述的情况。

你是否曾经参加过非常让自己失望的培训课程呢？你是否在某些课上早退呢？课程开始的时候你还有一些学习兴趣，但课程结束的时候你却发现索然无味，而且没学到什么东西。你有没有这种经历呢？

让我们看看成年学习者偏好的授课方式，以及如何让他们积极地学习。

受欢迎的课程和不受欢迎的课程

怎样才能让学习者获得满意的学习体验呢？我们向数千名成年人提出过这个问题，他们有些是从事管理工作的经理人，有些是奋斗在一线的工作者，还有些是见多识广的专业人士。

有很多次，我们都被他们一致的答案震惊，我们通常会这样问：

假设你参加了一个非常不错的培训课程，那么这个课程的哪些方面让你赞叹？

请看表 5-1 中列出的最常见的回答，看看你的回答与哪一种最接近。我们还在后面留出一些空白，请你写下未提及的答案。

表 5-1　你认为什么样的课程让你觉得赞叹

□ 它能满足我的需要	□ 我的表现能够得到反馈
□ 它很适合我	□ 气氛轻松幽默
□ 参与性很强	□ 我从其他参与者身上学到很多
□ 我很快就被吸引了	□ 使用的学习材料清晰实用
□ 培训师的讲授方式清晰简练	□ 我觉得受到了尊重
□ 我能接触很多实例	□ 有很多双向交流
□ 它与我的工作对口	□ 不浪费时间
□ 我随时都可以提问	□ 培训师“用我的语言讲课”
□ 它让我不觉得自己傻	□ 自己的参加为课程增加了价值
□ 我知道自己在做什么	□ 我学到很多对自己有用的东西
□ 我可以运用很多学到的知识	□ ______________
□ 它帮助我更好地工作	□ ______________
□ 课程很有互动性	□ ______________
□ 我可以实践学到的东西	

我们从另一方面设想，并向成年人提出了下面的问题：

假设你参加了一个很糟糕的培训课程，哪些方面会让你觉得无法忍受？

在表 5-2 中选出与你的想法接近的回答，表格中列出的都是我们接触过的成年人给出的答案。

表 5-2 你认为什么样的课程让你觉得糟糕

□ 根本提不起我的兴趣	□ 我听不懂培训师的语言或术语
□ 它没有用	□ 课上举的例子我很少能听懂
□ 只是单向地灌输知识	□ 非常枯燥、单调和无聊
□ 我很快就进入了信息过载状态	□ 缺少或者根本没有课堂互动
□ 大家很少甚至从不讨论	□ 我的加入有些多余
□ 很少或根本没有练习的机会	□ 我对课程的贡献很少或者没有
□ 很少或根本没有对我个人表现的反馈	□ 我没学到多少东西
□ 学习资料设计得很糟	□ 无法随时提问
□ 浪费了很多时间	□ ________
□ 它对我的工作没什么用	□ ________
□ 内容还行，但是课堂沟通的方式太差劲了	□ ________
□ 大部分时间里我都在被动地听	
□ 我无法理解教给我的东西	

通过对上述反馈的分析，我们可以总结出以下要点。

受欢迎的课程：培训师、课程设计者或者决策者努力为学习者创造与其个人发展（工作或生活）有关的学习体验；课程的结构化使学习者知道自己在做什么；用对学习者来说有意义的方式讲授学习内容；给学习者有意义的参与机会；为学习者提供实践所学内容的工具或工作与生活的方向指引。

不受欢迎的课程：培训师只是认为某些东西对你有用，却从未弄清你的需求，以刻板的形式把他觉得你应该学会的东西灌输给你，把你视为一个空罐子，想往里面装什么就装什么。

也许我们夸大了你的遭遇，不过，根据多年的观察和研究我们发现，无论是通过面对面、在线、印刷品还是视频教学等形式进行的培训，都很少能够真正地关注成年学习者的需求和特点。

设计培训课程时，以正确的方式对待成年学习者这一点极为重要，但无须考虑采用何种培训媒介——现场指导或其他手段。我们见过的大多数培训（也经过了我们对很多成年学习者的研究检验）会让大家想起当年在学校读书的时候——虽然当时我们既厌烦又搞不懂老师所讲的内容，但成为培训师之后，又会重复老师的那些令自己讨厌的做法。

怎样才能打破这种模式呢？线索和启发就在表 5-1 和表 5-2 中。通过关注成年学习者的需求、忧虑、愿望、恐惧、痛苦、癖好、野心、能力和个人特点，我们就能够摆脱枯燥、低效的培训方式。

作为培训师、教练和教育者，我们的工作是帮助成年学习者完成学习过程。“他们的成功就是我们的成功”，这句话听起来简单，但很有挑战性。只有了解成年学习者是如何学习的，并结合实践，才能帮助他们成功。幸运的是，实现这一点并不难，而且让人很有成就感。（天哪！我教会了他们，他们可以自己做了！）另外，你可以在自己身上试验，换位思考，假设自己是学习者，看看自己的培训计划是否有效，做自己的试验小白鼠。

成年人学习的四大关键原则

关于成年人学习方面的研究很多，可以谈的内容也很丰富，实际上，这一章完全可以扩展成一本书。所以，在这里我们只关注这些研究中由成人教育领导人物马尔科姆·诺尔斯（Malcolm Knowles）提出的四个关键发现。

与很多人看法相同，我们认为这些原则对成年人学习来说最实用也最有意义。它们是：

√ 自愿。

√ 经验。

√ 自主。

√ 行动。

接下来将对这四大原则进行简短的讲解。在本章总结部分将教授大家如何有效地运用这些原则，成为明星培训师。

自愿

不妨设想下面的场景。我一只手端着一个装满水的水罐，另一只手托着一个杯子，杯底朝上。如果我试图把水罐里的水倒进杯子里，会发生什么？显然，水会洒到杯子外壁和我的手上，因为杯口朝下，杯子是封闭的。

这个例子与培训师试图把学习内容装进封闭的成年学习者大脑的情况相似，对方不会记住多少东西。那么该怎么办呢？如何才能“打开”学习者的大脑？答案很简单。成年人对知识需要的态度决定了他们的学习效果。当他们决定敞开心扉、打开思维时，就做好了学习的准备。怎样才能让他们这么做呢（特别是在他们不愿意这样做的时候）？有个非常有效的方法——用事实证明他们需要学习你提供的知识。

√ 用这些知识解决或者避免成年学习者可能遇到的某个问题。

√ 为成年学习者提供一个尝试的机会。

√ 让他们看到通过学习可以得到职业领域和个人方面的发展。

我们必须清楚，这么做是为了成年学习者获得更多知识，而不是为了你自己或者组织的利益。如果杯底朝上，就无法把水倒进去。所以，当学习者的思维是封闭的时候，你无法把知识、技能或者新思想像倒水那样灌输进他们的大脑。

实现自愿这一原则很简单：关注成年学习者的需要。让你的培训课程能够回答成年学习者这样的问题——这个课对我来说有什么用处？如果你可以将培训（无论采取面对面、在线或者远程等形式）结构化，那么就可以按部就班、直接或间接地向成年学习者展示课程的重要性和意义。成年学习者自然会敞开心扉接受你的指导。下面的例子就证明了这一点。

情景举例：保护自己

一群工商管理硕士在某家银行参加一个培训项目，他们是从班级名次的前 10% 的人中挑出来的。现在已经是培训的第二周，培训师是一位老练的信用部经理，他正挠着脑袋，思考着如何开始下午的课程。根据培训时间表，今天讲述的主题是 C-549 透支保护表格。这些学习者不仅头脑清晰，也非常挑剔，如果学习内容枯燥无聊，他们很快就会失去兴趣。之前有好几位培训师败给了他们的冷漠和兴味索然——他们觉得所学内容单调无聊，没有挑战性，对个人提高也没什么价值。所以，这位信用部经理要如何才能向这些自命不凡的聪明人传授虽然重要但是枯燥的 C-549 透支保护表格的知识呢？面对讲台下这群聪明、注定成就不凡的年轻人，他讲述了一个故事：

“请想象一下，假设你多年来一直梦想拥有一辆保时捷跑车，你非常想得到这辆车，通过省吃俭用和加班，你终于攒够了数目可观的首付款，等买下车来只要付月供就可以了。你的愿望终于实现了！但是，去提车的时候，你突然意识到没有足够的钱买保险。这不要紧，你只要提出车来，开回家，然后再想保险的事。

从汽车经销商那里开出来，你环顾四周，为新车自豪不已，你希望能在路上遇到认识你的人，所以开始左顾右盼。可惜，等你看到前方的那辆垃圾车时，为时已晚，你急忙踩下刹车，一阵刺耳的声音传来，接着是一声巨响，撞车了！

检查汽车残骸的时候，你心想，也许没有把命搭上已经算是幸运了。可是现在该怎么办，没有保险、没有汽车、没有钱？

如果你能提前选择一些免费的全额保险，把你从财政危机中解救出来该有多好！要是真有这种保险，你会参保吗？你现在是不是就想让我给你一份表格？免费的！好了，我们来看看C-549透支保护表格。这个简单的表格能够保护你，虽然不是针对车祸的，但是当你无法偿还贷款的时候，它可以提供帮助。填好这个表格之后，你的个人贷款责任就免除了。让我们好好研究一下这个表格，它能保护你的……保时捷。"

如果你是其中一位年轻的工商管理硕士，你会不会被这个故事吸引住呢？你想不想选择那个免费保险？你认为培训师给了你怎样的帮助？（请选出所有符合的项）

☐ 解决问题

☐ 避免问题

☐ 提供机会

☐ 帮助你有所发展

在这个例子里，培训师帮你避免了厌学问题。他的表达方式使学习者觉得所学内容有价值，提高了他们的自愿性，使学习更有可能获得成功。

经验

请回答一个问题：Combien font cinq fois soixante-douze（5 乘以 72 等于几）？答案不难，是 trois cent soixante（360）。当然，你必须懂得一些法语才能作答。

这让我们不禁想起第 4 章讲过的内容——知识背景对学习的影响作用。成年学习者都是带着不同的独特背景知识参加培训的，我们将这些知识称为“经验”。成年学习者比儿童的经验丰富得多，有些经验对学习有利，有些可能阻碍学习。如果培训符合成年学习者的水平和经验，就会产生学习效果；如果培训内容超出成年学习者的水平或经验（如上面用法语提出问题），他们就不会理解。一旦听不懂，他们就很难再次调整好学习状态。

当成年学习者有经验时，如果你把他们当作没有经验的人来对待，你就侮辱了他们，失去了他们的信任。那么这个培训会被看作有效培训的关键是承认成年学习者已经拥有丰富的经验（也许和培训内容关系不大，但是具有特定价值），还能用这些经验促进学习。但是，也要注意，成年学习者的经验也可能阻碍新知识的接收，下面就此举一个例子。

情景举例：为乘客服务（Ⅰ）

由于乘客投诉数量上升、业绩下滑，城市公共运输公司决定采取相应措施。经过大量的调查，该公司决定要求公交系统内的 4000 位巴士司机参加一堂关于如何服务乘客的培训课。课程开始时，培训师给大家介绍了这堂课的培训目的。这时，一位司机愤怒地喊道：“你想让我提高服务质量？上个星期我刚刚这么做了，我帮助一位腿脚不便的老太太下车，她连台阶都不能下，我慢慢地停下车，小心地搀着她走下去。我刚把她送到人行道上站稳，一位交警就过来告诉我说，我停车超时了。还因为我离开了司机的岗位，给我开了一张警告单。服务乘客？我看还是算了吧！”

“经验”这一原则说明，在准备和进行培训时，考虑成年学习者的经验背景越多，学习效率就越高。下面是一些基本的规则：

- √ 调查一下成年学习者的情况（能力、知识基础、心态、学习和语言偏好、技能背景、文化，以及相关的强项和弱项）。不要把课程内容设定得太难或者太简单，使学习者失去兴趣，更不要采取个人或组织不能接受的培训方法。
- √ 使用的词汇、语言风格、事例和参考资料应该是学习者熟悉的。
- √ 从学习者中间获取事例和经验，从而丰富课程内容，在新知识和旧知识之间架设桥梁。
- √ 给学习者打预防针。如果他们有负面的经验，提醒他们不要受到影响。对他们过去的负面体验表现出同理心，以化解其抵触情绪。

为了具体说明上述原则，我们再来看一下巴士司机的例子。

情景举例：为乘客服务（Ⅱ）

了解了学习者在工作中遭遇的问题之后，培训师对他们的遭遇表示同情，并请他们向大家介绍自己的经历：

“谈起巴士乘客服务时，我们常会热烈地讨论既要安全又要准时将乘客送达目的地这项工作中的各种矛盾。谁能根据自己的工作经验举一个通过良好的乘客服务使你和乘客都开心的例子？或者，谁能给我举一个试图为乘客服务却发生意想不到的后果的例子？

很好。这些经历只是对乘客服务工作的简单一隅。对于做我们这一行的人来说，表现得友好、礼貌、乐于助人似乎有点天真。我们先来看一下各大公共运输公司的有关统计情况和实例，再看看公交行业之外可能影响我们的趋势，然后大家一起分析这些信息，看看怎么做才对我们的乘客、公司和社区有利。还有，非常重要的是对我们自己有利。我们负责运输乘客，无论交通、天气、路况如何，我们都要保证他们的安全。让我们看看怎样做才能克服各种障碍帮助我们的乘客。”

显然，这个方法是基于对公交司机背景和经历的尊重。它承认了司机的两难处境，同时也像成年人一样对待这些司机，并请他们帮忙指出权衡诸多变数和最终得到有效的、他们能够承受的客服指南的正确做法。这避免了给他们留下将一系列事先设计好的规则强加给他们的印象。

挖掘经验真的能够促进学习吗

早在 19 世纪 70 年代，德国心理学家赫尔曼·艾宾浩斯（Hermann Ebbinghaus）就开始测试经验与学习速度（学习曲线的速率）之间的关系。到 20 世纪 30 年代中期，美国空军就已经开发出精确计算前期经验对学习速度作用的数学模型和公式。这些公式可能有它们的局限性，但却大量证明了经验与学习效率之间的关系。

近期，神经学家们通过实验，尤其是经验对于学习的作用的观察，发现了在神经学上过往经验对学习产生了怎样巨大的影响。引用一个实验员的话："研究结果显示，（一次）经验的信息可以在人们的记忆中存储很长时间……这个结果揭示了成年人大脑的新神经元存储以往经验有助于学习和长期记忆的方式。"通过分享学习者们的经验，我们一定能够提高学习的效果和效力。

自主

一个小孩子能有多少选择的自由（即自主权）？他是自己来决定穿什么、吃什么、怎样去学校、怎样安排日常生活或者到哪里吃饭的吗？回答通常是否定的。儿童的生活一般由成年人控制和管理，特别是在学校的时候。管理员制定课程安排，教育部门和教师决定孩子们学什么、怎样学，家庭作业由教师布置。当然，并不是说这种安排一无是处，不过，这样的学习模式与现代社会的工作环境有很大的反差。在社会工作环境中虽然人们还是必须遵守各种规章制度，但他们在目标设定、工作决策、处理客户、交易操作和创建组织战略计划方面得到了更多的自由和自治权。

当我们踏入教育领域，特别是走进正式的课堂时，经常发现自己又回到了以学校为依托、以教师为中心的传统的培训模式。从广义上来说，培训需要为学习者创造一个动态的环境，任其自由进步和发展。如果成年学习者在学习中占据主导地位，那么就能达到最好的效果。毕竟，他们在组织和人力资源市场中的价值取决于自己了解什么，以及能够做什么。他们掌控着自身的人力资本，并将它投资到工作中去。如果能为他们建立一个可以自行支配的“人力资本账户”，则对其大有裨益。他们越有自主权，就越能为自己（也为组织）实现更多的价值。

成年学习者喜欢积极主动参加学习活动并为之努力。请再次回顾一下表5-1中对让你觉得不错的培训的描述，看看有多少项是与学习者的参与和贡献有关的。学习者的参与和努力越多，学到的东西也越多。

成年学习者喜欢自己做决定。“自主决策”是成年人的特点之一，对学习来说，它包含了两大价值。其一，自主决策需要收集信息，然后进行分析，想出替代方案，权衡每种方案可能带来的结果，最后，对各种选择进行筛选，找出看起来最合适的决策。所有这些心智活动都可以极大地促进学习和记忆，还能提高未来的工作成效。其二，学习者在决策中的自主程度越高，他对决策结果的重视程度就越大，更能奉行不悖。这两大价值对培训后的学习和工作效果也有着强大的正面影响。

成年学习者希望别人把他们当成独立、有能力的个体来看待。他们需要得到尊重，甚至在犯错的时候也需要被尊重。尊重是实现自主的基本要素之一，特别是在学习过程中。尊重使得学习者有勇气尝试、有勇气犯错，不必有太多顾虑。在很多方面，成年学习者比儿童脆弱，他们十分害怕失败或者丢脸。所以，当成年学习者面临挑战时，培训师、教练、教育者或者培训课程设计师应该予以积极的鼓励——“试试看”“别担心，如果不成功也不要紧”“没关系”。

为了应用“自主”原则，我们建议采取下列行动：

√ 给成年学习者创造大量机会，使其真正参与到你的培训课程中，对其进行激励，为其提供各种参与练习、实践、案例分析、游戏和讨论的机会（在后面的章节里我们将详述如何创造这些机会，特别是在第 8 章）。你可以进行测试，但是没有必要考试，测试已经能给成年学习者提供大量的参与机会了（本书第 9 章专讲测试）。

✓ 给成年学习者创造大量的机会，请他们与大家分享自己的观点、建议、解决方案、信息和实例。他们贡献得越多，就越能融入学习过程中。

✓ 认可和提倡有独特性和创新性的观点。对这些观点的褒奖可以鼓励成年学习者根据自己的潜力打造独特有效的学习方法。

关于自主能力的最后一项要注意的是，我们并不建议成年学习者在获得新能力和新知识的开始阶段就简单地全面控制自己的学习。相关领域的知识储备和对学习的控制能力影响了成年学习者有效处理问题的水平。自主性是逐渐增加的，成年学习者从几乎完全受控制到越来越松散。随着成年学习者的能力和自信程度的逐渐增加，他们的自主性也会增加。尽管如此，即便制定了最有组织的学习计划，也应该最大限度地为他们提供参与和贡献的机会。

行动

“布丁的味道如何，只有尝一尝才知道。”同理，培训效果如何，要看培训结束后学习者的工作业绩如何。你是否参加过一些培训，当时对其评价很高，但后来对于工作没有任何效用？

下面是我们曾经参加过的一些培训，包括现场指导、在线、看教育光盘和手册等方式。我们很喜欢这些课程，对其评价很高，但是却不实用。不妨看看你参加过哪些培训，也可以在后面做出补充。

☐ 西班牙语	☐ 急救
☐ 在丝绸上作画	☐ 美食品尝
☐ 盲打	☐ 桌面装饰
☐ 项目管理	☐ 中国菜烹饪
☐ 编程语言	☐ 面包烘焙
☐ 组织会议	☐ 打算盘
☐ 时间管理	☐ ________
☐ 科学投资	☐ ________

请不要误解，我们也经常参加上面列举的一些活动——举办会议，试图管理自己的时间，甚至还实践学到的东西。当我们学习这些东西的时候，觉得自己倍受启发，动力十足，觉得学习内容很有意义。问题总是出现在培训结束后，你认为，在参加完减肥班 12 个月后，有多少人还会继续按照减肥食谱控制饮食并继续保持身材？

☐ 10%	☐ 20%	☐ 30%	☐ 40%	☐ 50%
☐ 60%	☐ 70%	☐ 80%	☐ 90%	☐ 100%

答案是 50%，这的确很让人泄气。大概一半的减肥成功者会在 12 个月后体重反弹，甚至比以前还要重。这个发现充分证明了“行动”这条原则的重要性。

成年学习者大多都参加与工作有关的培训，为了确保学习者认可你的培训，必须先向其介绍对他们最有用的学习内容。如果他们不知道如何把学到的知识立即应用到工作中，他们的兴趣和学习效果自然会下降。如果他们发现培训结束回到工作岗位后没有相应的措施支持他们保持学习效果，那么，就算他们认为培训很有趣，也不会有动力把学到的内容应用到工作中。就像参加减肥班那样，在培训期间体重可能出现奇迹般的下降，然而一旦离开减肥班，回到生活环境中，在饮食和锻炼方面不做计划，旧的生活习惯就会再次找上你。如果回到工作岗位后缺少行动，学到的东西就会迅速被淡忘。这种情况对培训师而言是巨大的挑战。

为了培养成年学习者的行动意识，我们必须按照下列要点设计培训内容：

√ 为成年学习者指出如何立刻把所学内容运用到工作中，为他们提供工作方面的支持。

√ 在培训中提供机会，让成年学习者在与其工作环境相似的条件下实践学到的新知识。实践可以增强竞争力和自信心，竞争力和自信心可以很好地促进所学内容在工作中的应用和转化。

√ 确保新知识能够应用于工作，使其与工作规程相适应，提供反馈、激励和资源支持，对学习成果予以褒奖。培训师协助学员主管，鼓励和支持成年学习者运用所学的新知识。

√ 如果所学的知识只是偶然使用（例如，在紧急情况时、每年两次或者审计人员到来时），要经常给成年学习者练习的机会。

行动原则的基础是“如果你不使用它，就会忘记它”。成年学习者必须由行动驱使，因为在工作中他们会遇到很多需要优先处理的事件或者分心因素。成年学习者的培训要想成功，必须遵循行动原则。

情景举例：成年人学习的行动原则

公司上一年经历了一些不愉快事件，由于全球市场低迷，你们面临巨大的压力，需要进一步挖掘每一位员工（从管理者到新员工）的潜力和生产力。竞争形势严峻，经济前景不明朗。

人力资源部门和生产管理部门注意到了以下内部问题：

√ 旷工率不断提高。

√ 病假率不断提高。

√ 员工辞职率不断提高。

√ 工作场所气氛紧张，经常出现公开争吵甚至肢体冲突。

√ 员工抑郁、神经衰弱、离婚和滥用药物的发生率提高。

人力资源研究证明，这些负面现象主要是由工作压力引起的。虽然公司所处的竞争环境无法减轻员工的压力，但公司已经采取了一些措施缓解压力过大导致的不良情况，并且拨款给人力资源部门开展压力管理项目。

压力管理团队需要完成一系列的任务，如重新设计工作环境、增加新的设施，以便提高工作的灵活性和扩展分享空间等。作为压力管理团队成员，你的任务是主持一个以“压力与压力管理”为主题的面向全体员工（包括经验丰富的主管和刚入职的新人）的培训项目。学习者将被分成12～20个小组，然后对其进行面对面的培训。培训课程历时一日（七个半小时）。公司已经承诺拨足够款项，但是你必须用实际效果赢得这笔款项。

过去的六周，你一直在与专业顾问研究压力和压力管理问题，并设定如下培训项目：

√ 压力是什么？负有压力的身体和精神表现有哪些？

√ 评估你自己目前的压力水平。

√ 你的压力档案。

√ 工作压力的来源。

√ 工作场所以外的压力来源。

√ 对压力的有效回应。

√ 对压力的无效回应。

√ 管理压力的方法。

你的当务之急是使学习者接受上述内容，并初步实施培训计划。你决定根据成人学习的四大原则安排一天的课程，让我们看看会发生什么。

在自愿原则方面

如何让成年学习者敞开心扉，打开他们的思维，使其接受培训的内容？怎样把学习的价值呈现给他们？请思考，你会如何准备。

记下一些如何贯彻自愿原则的想法。

√ ______________________________

√ ______________________________

√ ______________________________

下面是我们的一些建议。当然，这并不是说我们的建议就是最好的。在写下你的想法之后，不妨参考我们的意见。

√ 邀请大家参加培训课程之前，通过电子邮件或者其他方式把有关压力的信息发给全体员工，特别要用吸引眼球的效果来包装那些关于压力如何影响工作和生活的信息。告诉大家压力虽然有害，但每个人都会有，打破沉默。

√ 发送课程邀请时，附上一张邀请个人、团队、组织、家庭和朋友前来参加的表格。

√ 课程开始前，发给成年学习者一份简单、容易回答的压力评估表。在培训时对评估的分数进行解读。

√ 营造一个友好、低压力的培训环境。

√ 以讲述一则戏剧性的、个人的、与压力有关的趣闻开始整个培训课程。这种形式虽然有些令人吃惊，但可以让参与者产生共鸣，使其迅速进入状态。

√ 进行培训的各个部分时，先讨论一下这一部分对成年学习者个人的益处。

在经验原则方面

如何用成年学习者能接受的语言授课？如何把课程定位得与他们的水平一致？如何利用成年学习者的正面和负面经验？

记下一些如何利用培训参与者的经验的想法。

√ ____

√ ____

√ ____

下面是我们的一些设想：

√ 先走访一些不同职位的员工，再设计培训课程。收集有关工作压力的实例，找出哪些特定类型的压力容易出现在哪些特定的人群中。

√ 把故事和信息汇编成案例和趣闻的形式（还可以制作成视频），供培训使用。

√ 收集研究数据，了解在与你的公司类似的组织中人们是如何经历和应对压力的。

√ 询问访谈对象，看他们在工作中和生活中是如何应对压力的，将他们的解决方法聚合到培训和学习材料中。

√ 培训期间，请成年学习者用自己的语言给出压力的定义，介绍他们自己的经历、压力的来源，以及消除压力的办法。

√ 提供各种案例，让成年学习者自由组成团队来探讨这些案例。

√ 请学习者结合自己的经验解释他们为何采取他们所用的解决方案。

在自主原则方面

如何让成年学习者主导自己的学习？你必须怎么做才能让他们真正参与并努力学习？

想出一些让成年学习者发挥自主性的办法。

√ ______

√ ______

√ ______

自主原则的关键是设计大量参与性强的、要求成年学习者做出努力的练习。例如，设定一些场景分析、角色扮演、案例、头脑风暴和实践活动。如表 5-3 所示。

表 5-3 参与性学习活动举例

活　动	举　例
场景分析	◇播放一段知名电影、电视剧或戏剧中的与压力有关的夸张场景，请大家进行讨论 ◇请两位或者三位成年学习者扮演视频中的角色，在关键时刻暂停讨论，让成年学习者思考并给出解决方案

（续）

活　动	举　例
角色扮演	◇根据你的研究，以“压力”为主题设计一个角色扮演场景（例如，年迈的父母遇到健康问题、工作压力等）。请成年学习者扮演各种角色，通过表演引导剧情发展，如增加压力或减轻压力等
案例	◇根据事实编排以应对包含各类压力为主题的案例，请成年学习者选择他们希望以团队形式解决的案例。请各个团队确定案例中关键的压力要素、现象、原因、解决方法等。询问团队案例解决的情况，从成年学习者给出的解决方案中总结应对压力的方法
头脑风暴	◇从你的研究中选择一些与压力相关的主要案例，请成年学习者借助头脑风暴的方式解决
实践活动	◇请成年学习者进行压力辨识和缓解压力的练习。例如，放松技巧、自我按摩、互相按摩（请注意：只有在双方都愿意的情况下才可以这么做，否则只会增加压力） ◇列一份相关资料和技巧的清单，请成年学习者自己选择并进行实践

在行动原则方面

如何才能确保成年学习者认识到他们能够将所学知识应用到日常工作和生活中？怎样才能将学习内容尽可能地转化为与现实相适应的知识？

想出一些将成年学习者学到的压力管理方面的知识能够立即应用到工作中并取得成效的办法。行动！

√ ____________________

√ ____________________

√ ____________________

这是最难实现的一项学习原则，但是你可以做很多尝试，不妨考虑下列方法：

√ 设计一份个人行动大纲供整个培训使用。随着成年学习者参与各种活动，他们可以进行记录或者核对大纲上面的项目，以便在培训后应用所学内容。

√ 提供资料、资源及社区服务列表，以便为成年学习者提供帮助。例如，公司雇员协助项目、服务团体名单、财务协助机构、滥用药物治疗项目、职业协助项目等。

√ 给成年学习者发视频和音频资料，他们可以在工作中或工作后使用这些信息，帮助他们减轻工作或生活中的压力。

√ 在成年学习者之间实行互助，安排常规的聚会时间。

√ 在成年学习者工作的电脑上设置压力自动提醒功能，他们可以每周提出遇到的压力方面的问题，培训师给予反馈并指导他们缓解压力。成年学习者可以把自己的情况与不同年龄、性别、工种的人员情况相比较。

根据成年人的学习原则，进行以学习者为中心的培训的可能性是无限的，下面要求你来回答自己会如何将成人学习的四大原则应用到压力和压力管理培训项目中去。首先，根据上述原则，你更加关注下面哪一项？

☐ 学习者

☐ 培训内容

我们可以肯定，你选择了“学习者”。只有以成人学习的关键原则为基础，培训内容才会变得生动。你能写出学习的四项原则吗？

1. ______________________________

2. ______________________________

3. ______________________________

4. ______________________________

对照表 5-4 的 A 栏核对你的答案，然后将 A 栏中的 4 个项目与 B 栏中的适当项目配对。

表 5-4　成人学习的四大原则

A 栏	B 栏
自愿	1. 成年学习者必须真正参与并努力学习
自主	2. 成年学习者必须了解他们能够立刻成功地应用所学内容
经验	3. 成年学习者要了解到学习给他们带来的实际意义，才能打开思维，接受知识
行动	4. 成年学习者并非可以随意灌输知识的空罐子，只有当学习内容和活动与他们已有的知识和经验相结合，并且符合其理解水平时，才能达到最佳的学习效果

如果你答对了，就说明你已经参透了成人学习原则的真谛。正确答案：自愿—3；自主—1；经验—4；行动—2。

成人学习原则的关键

如果培训没有效果，那么培训对于你自己、学习者和你服务的组织而言无异于浪费时间。以成年学习者及其需求和特点为中心会使培训的成功率大大提高。培训师和学习者非常相似，对培训师有用的方法，对学习者通常也有用。培训的诀窍是"像培训自己一样培训他人"。在开始下一章之前，请记住这一点。下面我们将根据这个诀窍设立一个模型和一套方案，用以设计有效的培训课程。

请记住

本章提出了很多关于成人学习的重要观点。我们用一个简短的复习测试来结束本章。选出恰当的选项来完成下列陈述。

1. 受欢迎课程的特点是培训师、培训课程设计者或者决策者努力带给与（成年学习者个人 / 培训机构商业目的）观点相关的学习经历。

2. 在不受欢迎的课程中，培训师对待你像一个（有个人需求的个体 / 能够容纳知识的空容器）。

3. 倘若我们经常对我们的老师或教授的教学方法感到厌烦或迷惑不解，那么培训师的经验告诉我们，我们往往（注重学习者的需求、关注点和事务 / 重复着我们是学习者时就厌烦的练习）。

4. 作为培训师、教育者，我们的成功来自（我们的精彩讲演 / 学习者们学有所用）。

5. "成人教育法"是处理（成人 / 儿童）教学的研究领域。

6. 让成年学习者准备就绪的最有效方式就是（展示给他们学习对他们的意义 / 证明他们的所学能让组织受益）。

7. 把成人看作没有经验的人，就是（"侮辱"他们，失去他们 / 让他们放松，在你的课程上敞开心扉）。

8. 总体来讲，成人喜欢（积极参与并对培训有所贡献 / 在课程中吸收你所教授的知识，以便日后可以付诸实践）。

9. 为了确保成年学习者的注意力集中及取得成年学习者的认可，就要着重于（即时 / 最终）应用。

10. 如果成年学习者回到工作岗位后没有学以致用，那么培训应该被看作是（无意义的努力 / 浪费时间）。

11. 培训他人（是为了使他们像你 / 就像他们在培训你）一样。

以下是我们的选择和关于每个选项的简要说明。

1. 受欢迎课程的特点是培训师、培训课程设计者或者决策者努力带给与成年学习者个人观点相关的学习经历。学习者是大家关注的中心，这就是我们坚持所有培训都必须“以学习者为中心”的原因。一切都是为了学习者——你的客户。如果学习者不能“理解”，那么他们和他们的企业都不会受益。

2. 在不受欢迎的课程中，培训师对待成年学习者像一个能够容纳知识的空容器。没有必要纠结于此。学习者们不是没生命的、被动的容器，他们有个人的需求和兴趣。让你的课程针于那些对你所教授的知识感兴趣的人。

3. 倘若我们经常对我们的老师或教授的教学方法感到厌烦或迷惑不解，那么培训师的经验告诉我们，我们往往重复着我们是学习者时就厌烦的练习。可不是嘛！我们是示范者。我们可能都讨厌我们所经历过的练习，那你瞧，我们正在对别人做同样的事情。根深蒂固的行为模式很难摆脱。我们要打败它！

4. 作为培训师、教育者，我们的成功来自学习者学有所用。简单地说，他们的成功就是我们的成功。我们的培训不是为了要给人留下印象或成为伟大的演说家。讲得好并没有什么错，除非它阻碍了学习者的参与。课程精彩的关键是练习与反馈，是重视学习者所做的。

5. “成人教育法”是处理成人教学的研究领域。“教育学”才是针对儿童的教学。

6. 让成年学习者准备就绪的最有效方式就是展示给他们学习对他们的意义。像任何优秀的销售员那样，利益销售是最有效的。“这对我有什么意义”的说法很适用于我们的成年学习者。

7. 把成人看作没有经验的人，就是“侮辱”他们，并失去他们的信任。不要忽略你的成年学习者多年来的经历，反而要挖掘它们。即便这些经历是负面的，也要把它们挖掘出来好好利用，证明你所教的知识可以帮助他们克服过去的负面经历，或优化及重新构建他们所拥有的知识体系。

8. 总体来讲，成人喜欢积极参与并对培训有所贡献。成人学习的学习自主性原则以成人积极参与他们每天的抉择为中心。他们参与并对工作有所贡献，在培训中他们也应该是这样。他们贡献得越多就拥有得越多，在工作中的运用也有可能越多。

9. 为了确保成年学习者的注意力集中及取得成年学习者的认可，就要着重于即时应用。如果你不使用它，你就会失去它。留到最后再用，这种事几乎不会发生。学习与应用之间的紧密度加强了大脑与检索容易度增长之间的联系。

10. 如果成年学习者回到工作岗位后没有学以致用，那么培训应该被看作是浪费时间。抱歉，没有人能负担得起徒劳的努力。培训是有费用的、需要资源的、耗费时间的。如果没有效果，我们就失去了宝贵的资源，而其中最宝贵的就是时间。

11. 培训他人就像他们在自我培训一样。你可能是一个道德典范——没有冒犯的意思——但是关键就如这条黄金守则那样，“培训就像被培训一样”。

总结这一章：

√ 作为培训师、教练和教育者，我们的工作是帮助成年学习者学习。他们的成功就是我们的成功。

√ 通过应用成人学习的四大原则——自愿、经验、自主和行动，你可以开启成年学习者的思维模式，结合他们既有的经验，使其真正参与到学习过程之中，最终帮助他们成功地将所学内容应用于工作。

√ 培训的诀窍是“像培训自己一样培训他人。”

下一章精彩继续。

CHAPTER 6

第 6 章 设计出色培训项目的五步模型

本章要点

√ 基于研究总结出的六大通用原则
√ 结构化培训模型
√ 指导和支持知识应用的工作表
√ 根据模型调整和改变现有培训的方法

如果我们向你提供一种简单易用的培训工具，可以极大地提高培训（无论学习者属于哪一群体，无论培训的规模和主题）成功的可能性，你是不是很想尝试呢？我们要在这一章中把这个工具送给你，我们保证没有任何附加条件和副作用，而且保证效用。从某种程度上讲，本章是本书的核心和灵魂。我们并不是要贬低其他章节的重要性，但是本书的精华确实融汇在这一章。所以，请做好细读的准备。

首先，我们来简单回顾一下。在第 1 章里，我们请你回答了一些题目，目的是引出本书的主题：交互式培训。同时，我们还希望你能立刻体验到本书的风格：轻松有趣、有挑战性、参与性强。

第 2 章阐释了一些基本的词汇——培训、指导、教育和学习，并且指出了一项要点：“以学习者为中心，以绩效为基础。”同时，强调培训的手段和媒介并不重要，本书的内容适用于所有形式的培训，无论传播媒介为何。

在第 3 章中，我们带你参观了人的感官、大脑和记忆系统，目的是让你了解人类学习的特点和局限。

第 4 章的重心是探讨“为什么即使我们很专业，也会与学习者沟通困难”，着重阐述了专家和新手在处理信息方面的不同，以及陈述性知识与程序性知识的基本区别。

最后，第 5 章对成人的学习特点进行了结构化的回顾，结合事例阐述了成人学习的四大原则。

本章的任务是探讨如何设计有效的培训课程。你已经掌握了足够的信息和论据，明白我们需要一套结构化的培训机制，而且它必须与我们平时观察到的那些常见做法有所区别。我们如何才能设立这套机制呢？同样地，还是需要学习方面的研究帮助我们。

研究学习后总结出的六大通用原则

你认为自己属于以下哪一类学习者？

□ 更依靠听觉	□ 更关注细节
□ 更依靠视觉	□ 更关注整体
□ 喜欢合作	□ 更依靠右脑
□ 喜欢独立	□ 更依靠左脑

我们在工作和游戏中观察到个体之间有很大的不同，每个人似乎都

具备独特的能力和特点，正是这些特点使他们与众不同。我们会自然地假定他们有不同的学习风格。另外，观察还证明，从理论上讲，我们应该针对每一位学习者的特点“量体裁衣”，修改和调整我们的培训课程。显然，这是个莫大的挑战，可行性很小，特别是当学习者的人数很多、资源条件有限的时候。那么，我们能做什么？难道必须妥协吗？

我们既有好消息，也有坏消息要分享，这取决于你的观点。我们把它们放在表 6-1 里，这样你就可以自行选择想要的内容。

表 6-1　关于个人独特性对学习的影响的分析

坏消息	好消息
人类不像我们认为的那样独特。对学习方面的研究证明，虽然不同类型的指导方法对不同的学习者有着极为不同的影响，但是，研究也表明，从整体上来讲，这种区别并不起主要作用。与学习者之间的区别相比，他们的共同点更多一些	虽然我们倾向于相信人类个体是独特的，但是，除非我们存在一些观察或认知方面的缺陷，我们在观察、处理、存储和检索信息方面都是非常相似的。精心设计和进行的培训看起来在每个个体身上会产生相似的影响，这使得我们能够根据一套广泛通用的原则设计合理的培训内容，并且在各类学习者身上取得良好的培训效果

根据这些我们可以得出一个结论：如果我们能够从有关学习的研究中总结出一些概括性的、“放之四海而皆准”的原则，就能把它们融合进一个培训模型之中，从而在大多数学习者身上实现较高的培训成功率。这些普遍原则是什么呢？

下面列出的六个词汇概括了很多有关学习的研究得出的结论：为什么、是什么、结构、回应、反馈和奖励。让我们依次探讨一下每个词的内涵。

为什么

如果学习者知道他“为什么”应该学习某些东西，而且这个原因对他来说很有说服力，那么学习的成功率就提高了。这听起来类似前一章所讲的自愿原则。自愿是指如果成年学习者能够开启思维并做好接收新信息的准备，学习起来就更容易。关键是向成年学习者展示所学内容的价值何在。

对学习者群体的研究证明，不同类型学习者理解了“为什么”，会做出不同的反应，形成不同的结果。逻辑性强的学习者会分析出他们可以从学习中获得何种益处，进而更加关心自己如何才能更准确地掌握所学内容。然而，这种做法似乎不仅是此种类型的学习者专属。对“为什么”了解得越透彻，学习的效果就越好，学习的持续时间也越长。

是什么

有句老话：“没有目标就没有方向”，学习亦同此理。你是否曾经参加过这样的培训：培训师、教练、教授漫无目的地随意讲授学习资料中的内容，你坐在那里试图弄明白他的意图，但却以失败告终。对学习的研究证明，在课程、模块和培训结束之前，向学习者阐明此次学习的目的是什么非常重要。这类信息就像指示牌和地图一样，能够指引学习的方向。对学习者来说，学习目标越明确、越有意义，他们的学习积极性就越高。

尽管如此，当目标可能对学习者毫无意义时，则另当别论。与课程前期明确特定课程目标不同，对“特定课程目标”的研究及使用和课程布置造成了令人迷惑和自相矛盾的结果。

结构

给你 15 秒观察下面的符号组合，准备好了吗？开始！

$?$*#*$?££##?$?* ££?*#£#£#$

停！

现在，在方框中默写出上述的符号组合。

你尽力了吗？请将正确答案与自己的答案进行对比，答对一个符号算一分，总分为 25 分，请把你的分数填在下面方框中。

同样给你 15 秒，观察下面的符号组合。预备，开始！

$$$$$????? *****£££££#####

把上面的符号组合遮盖起来，在方框中默写。

给自己打分，并把分数填在下面方框中。

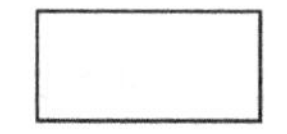

让我们检查一下结果。相比较而言，第一题和第二题哪个完成得

好？请成年学习者做这两道题时，我们发现，第一个组合很少有人得分超过 5 分，而第二个组合更容易记忆，因为它的符号排列更加结构化，大多数人能得到满分 25 分。这太让人惊讶了，相同的符号（或内容）、不同的结构，就会引发不同的结果。

人类追求秩序，如果秩序缺失，就会人为创造秩序。人类在观看天上云朵的时候，也要把它们想象成各种实物的形状。研究证明，对学习者来说，学习内容越是结构化，他们越是容易掌握和记忆。

再举一个关于结构的例子。假设给你一万美元，请你不经任何提示说出美国所有州的名字。如果犯一个小错误，你将一美分都得不到。那么，你会用什么办法来保证答对每一个州名呢？请在下列选项中选出你最有可能采取的策略，如果下面没有合适的，请补充。

- ☐ 只是随机地说出想到的州名。
- ☐ 按照字母表顺序说出州名，并以字母表顺序作为回答指南。
- ☐ 把美国分成几个部分，然后按顺序说出每个部分包含的州名。
- ☐ 从东（或西）海岸开始，沿着海岸线和南、北边境线依次说出分布的州名，然后按照螺旋顺序说出中部的州名。
- ☐ 借助某个旋律、歌曲或者其他记忆方式回想州名。
- ☐ 我的方法：________________________

我们曾经邀请几百位成年学习者做过这个练习，大家都会选择一种结构化或系统化的方法，没有人采用随机背诵的方式。各种类型的学习者都倾向于将需要学习和记忆的内容结构化，当然结构化的方式可能不同。

回应

学习者对所学内容做出的回应越多，学习和记忆效果越好。回应方式可以包括回答问题、填空、分类、解决问题、做决定，甚至探讨和争论。培训师不妨采用多种方式引发学习者回应，促使其记住所学内容。我们先做一道题，然后再探讨有关回应的研究。请看以下选项，你觉得哪一种情况是学得最好的？

- ☐ 如果学习者大声说出或者写下自己的回应——公开回应，则会学得更好。
- ☐ 如果学习者在脑中做出回应——沉默回应，则会学得更好。
- ☐ 如果学习者做出回应，则会学得更好。至于是公开回应还是沉默回应，并不特别重要。

正确答案是第二项。几乎所有人都会选择第一项，但是，研究结果表明，重点在于“积极回应”。而且同样重要的是，回应必须有意义。在所谓的“在线互动学习”中，学习者点击项目，输入数字、字母甚至单词——这些内容与他们需要掌握的知识没有一点关系，这就是空洞回应。空洞回应的价值有限，也许会暂时吸引学习者的注意力，但是在阐释意义或者帮助记忆方面作用甚微。

例如，为了学习而设计的游戏，最后往往成了以游戏为主，学习退居其次，人们做出的回应都是与游戏有关的，而不是针对学习内容的，而且游戏过程不再与学习有关系或者不再有意义。

这里有一个关于积极回应、公开回应和沉默回应的研究解释。大多数关于这个问题的研究都是在 20 世纪六七十年代做的。我们回过头去看几十年前的研究，就是要自我证明我们所坚信的事：确定无疑，多数研究结果支持沉默回应，因为相对于一些空洞的公开回应（例如，举手、点击什么或者是重复课文）人们更偏好精神参与。这里出现了两个结论，首先，回应必须有意义；其次，决定回应前必须要有一个反思要素。

谈及“意义”及其重要性，请假设自己正在完成一些常规的任务，虽然你在行动上做出回应，但思维上不再参与回应，下面有哪些情景是你遇到过的，请选择。

- □ 你开了一会儿车，突然意识到自己在车上，记不起刚才做了什么，或者发现自己正走在一条并不打算走的常规路线上。
- □ 你如往常一样完成了早晨的杂务（如淋浴、剃须 / 化妆、梳头等）之后，不得不检查一下自己是否已经涂了除臭剂。
- □ 你在做考前复习，读了书上的几个段落或几页纸之后，才发现刚才看的内容自己一点都想不起来。
- □ 在社交活动中，有人把你介绍给陌生人，你们互相微笑、握手，然后你才意识到自己没有记住这个人的名字。
- □ 刚刚吃完饭却不记得吃了什么。

连本书的两位作者都会选择全部选项，所以，不要担心自己会如此心不在焉。你只是进入了“自动”模式而已，这是一种正常的机制，允许你无意识地完成一些事情。问题在于，“自动”模式下，你的思维无法参与回应，所以就不会接收新信息。就算拿枪指着你的脑袋，你也想不起自己刚刚做了什么，虽然你的回应是得体的。积极的、有意识的回应（无论是公开的还是沉默的）才能引发学习动力，这种回应对理解和记忆极为关键，但是学习者必须保证全身心地投入到学习过程中。

反馈

反馈是学习中最强大的机制。然而，人们对反馈仍然存在很多错误的看法。在某种程度上，学习者针对关键或整体学习内容的回应都会使其达成学习目标。来自培训师或环境的反馈会告诉学习者他们的回应是否得当，从而帮助他们调整或者继续回应。从培训师的角度来看，反馈应该既有纠正作用（让学习者调整回应）又有确认作用（让学习者知道自己已经部分或完全掌握了知识）。

下面是对反馈做出的一些研究结论：

- √ 学习者收到的反馈对改善其表现起指导作用。
- √ 如果学习者认为自己收到的反馈是对自己的批评，那么就会阻碍或者影响其表现。
- √ 对于简单任务，即时反馈能够帮助学习者改善表现。
- √ 如果学习者认为任务比较复杂，那么延迟的反馈似乎更有效用（反馈得太快，会使得学习者的短期记忆过载，产生疑惑）。
- √ 频繁和特定的反馈能够帮助学习者完善表现。然而，如果反馈太过具体或过于特定性（例如，“打高尔夫挥杆的时候，把你的肘部角度改成11度，左脚向外张开4度，向前挪动2英尺[1]，球杆的前水平面角度增加2度……”），会使学习者迷惑不解，可能产生反作用。

奖励

如果你穿了一件新衣服，受到很多人的赞美，那么你以后还会不会穿这件衣服呢？答案一般是肯定的。在学习上，如果我们实现了一个

[1] 1英尺≈0.3米。

目标（如掌握了一个知识点）然后得到了奖励，那么以后学习的成功率就有可能提高。对大多数人而言，成功是最好的鼓励。在行为主义的鼎盛时期（20 世纪 50 年代～70 年代中期）人们非常重视奖励的价值和影响。后来的认知研究成果趋向于人们对奖励力量的崇拜有所消退，但是几乎所有研究“学习”这一课题的人仍然承认奖励这种巩固和强化手段的价值。

内在奖励（当你学习取得成功时体会到的成就感）和外在奖励（针对你的成功给予的物质奖励，如金星标志、食物、金钱，或者免除某些不愉快的事务）之间有着较大的区别。人们得到的内在奖励越大，就越能感受到更多的学习乐趣，对学习者就越有益处。但是，对于某些学习者而言，外在奖励（如象征物、分数、特权和免除如洗碗这种不愉快事务等）可以使他们对学习留下美好的印象。

综合来看，这六项原则构成了一个非常强大的培训模型基础。将这些原则与我们所知的人们如何处理信息的原理，以及成人学习的基本原则相结合，我们发现了如下几项设计有效培训的要素：

- √ 让学习者知道为什么所学内容对他们有益。
- √ 以有意义的方式帮助学习者了解他们将要学习什么。
- √ 编排一些结构化的活动和信息，以便促进学习者获取所需的技能和知识。
- √ 在学习中给学习者提供做出有效回应的机会。
- √ 针对学习者的回应，做出适当的、有纠正和确认作用的反馈。
- √ 提供适当的、学习者视为有价值的内在和外在奖励，从而巩固学习效果，提高趣味性和成功率。

将培训内容结构化的通用模型

根据前述的基本要素，我们现在向你介绍一个易于应用、可进行各种改造的模型，以供你设计各类培训。在本章的这一部分，我们将展示一些在不同情况、前提下，借助该模型针对不同学习者进行培训设计的事例。应用该模型，你就能立刻取得培训的成功。随着对该模型更加熟悉和熟练的运用，你还能将本书提到的其他要素及你自己的经验和观察结果融入进模型中。这个模型已经被检测、运用于上百家企业，并取得了显著的成功。

你可能会发现，创造“以学习者为中心、以绩效为基础”的课程是很容易的。

图 6-1 以概括的形式展示了培训结构化的五步模型，下面是对模型各方面特点的一些介绍。

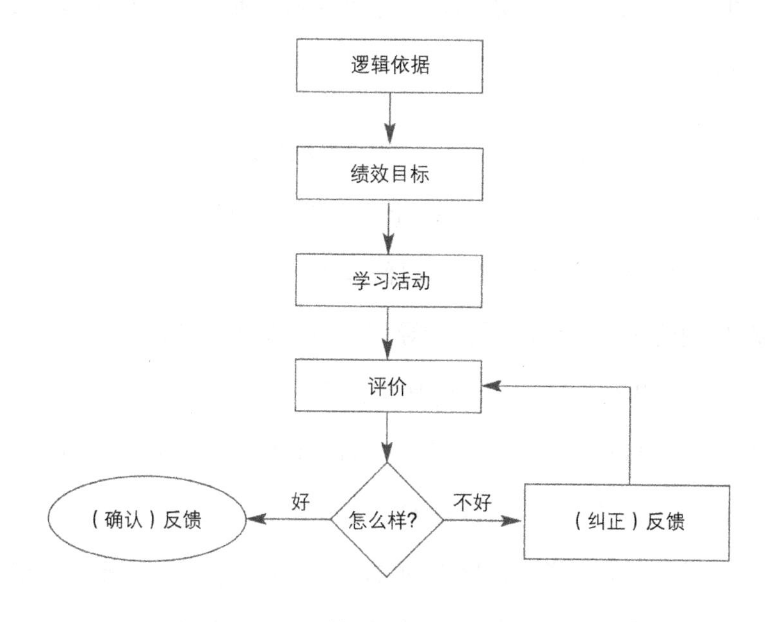

图 6-1　培训结构化五步模型

逻辑依据

为培训提供逻辑依据，解释为什么学习者应该学习你向他们讲授的内容。无论何种培训，学习者都需要你解释为什么他们要参加该课程（无论以现场、在线、视频还是出版物形式）。研究表明，如果学习者了解为什么应该学习某些内容，并且认为它们有价值，那么他们学会这些内容的成功率就会很高。这与自愿原则（即思维和精神的开放，在第5章中有所叙述）是紧密相关的。阐述逻辑依据时，培训师应该告诉学习者培训中哪些内容对他们自己或者对他人（如同龄人、客户、公司股东等）有利。逻辑依据既可以解释培训的必要性，又能引导学习者自己找到参加当前培训的缘由。

让我们设定一个培训场景。假设学习者中包括一些你们组织内部的专业人士，他们的任务是把培训内容传递给客户和第三方卖家（他们将销售你们的产品和服务），那么，我们应该怎样阐述培训的逻辑依据呢？

逻辑依据有以下几点：

- √ 作为培训师，你的成功是由学习者的成功来衡量的。
- √ 你希望学习者能说的和做的学习的内容越实际、越有价值，这样你就越容易发现他们的强项和弱项。
- √ 培训的主旨是你的所有指导和学习者努力的方向一致，并且它为每个人提供了可以实现的切实目标。
- √ 越能容易地设立这些目标，培训的其他流程越能设置到位并顺利进行，这将大大降低课程安排的难度。
- √ 如果学习者知道他们努力的方向，那么达成目标的概率会很高。
- √ 阐述逻辑依据时，你应该给学习者提供一份概览表，列出培训的进展和方向，还可以设法让学习者体会到培训是非常有用、有趣且让人兴奋的。

绩效目标

向学习者陈述对其表现的目标要求，明确告诉他们课程结束后他们应该学会哪些内容。研究证明，如果学习者知道自己应该学什么，那么他们就更有可能学会。培训师应该以学习者为中心，以有意义的方式告诉学习者他们应该掌握哪些内容，而不应以培训或培训体系为中心。

下面哪一项更适合作为培训目标？

☐ 你将能够把客服通话转化为销售通话。

☐ 我将告诉你如何把客服通话转化为销售通话。

第一项更为合适，因为它的表达方式以学习者为中心。第二项主要说明培训师将怎么做，忽略了“以学习者为中心、以绩效为基础”的原则。

培训师还应用准确、切实的术语阐述培训目标。从下面两项中选出你认为适合作为学习者绩效目标的一项。

☐ 你将学会陈述将客服通话转化为销售通话的四个步骤。

☐ 你将知道将客服通话转化为销售通话的步骤。

第一项更合适一些，因为它使用了更切实的术语“陈述”，而且给出了步骤的具体数目。阐述方式越切实、可靠和简明，越易于学习者理解。

我们继续设想前述场景——专业人士成为培训师，可以按照下列方式阐述绩效目标：参与者将有能力自己设计培训课程，并以学习者为中心，使用切实可靠的术语和特定的标准设定培训的绩效目标。

学习活动

设计各种能够帮助学习者实现绩效目标的学习活动。如果学习者所参与的活动直接与绩效目标有关，那么他们实现这些目标的概率就会提高。这意味着培训师（或者培训课程设计师）只能选择那些直接与绩效目标有关的活动。

下面是本模型的关键益处之一：它有所侧重和聚焦。培训的逻辑依据阐明了培训对学习者的益处。绩效目标阐明了培训和学习者之间的关系——学习者将学会做什么及做得怎样。学习活动则去除了不必要的干扰因素，聚焦于如何达成培训目标。学习活动的设计目的是鼓励，甚至要求学习者更多地参与进来。这些活动还应该激励学习者展现出自己的经验、想象力和判断力。毕竟，他们是成年人！

成功的学习活动都是饶有趣味甚至具有娱乐性的。这意味着培训师或培训课程设计师应该在活动中加入挑战、让学习者好奇、想象的元素。挑战说明学习活动应该有难度，要求参加者付出努力，经过一番尝试才能取得成功。好奇意味着不应一次性告诉学习者所有细节，让他们保持好奇心——只有好奇，没有疑惑。最后，想象就像是调味剂，它刺激人们发挥想象力，进行创造性的参与。因此，学习活动变得非常有趣，能够帮助学习者将更多的学习内容应用到工作中（不仅应用于眼前的工作，还能创造性地在更广的工作范围内加以运用）。第 8 章提供了 25 个有关趣味学习活动的例子，很多都包含上述元素。

在我们绩效目标的举例中，可以加入以下学习活动。

√ 根据培训的逻辑依据，举一些有趣的例子并借以提出绩效目标，请学习者选择他们认为合适的目标并阐述理由。

√ 运用与工作有关的例子阐述绩效目标的益处。

√ 陈述培训课程的绩效目标，与学习者分析、讨论他们的期望和对目标的评价。

√ 请学习者将最佳的绩效目标与其他备选项进行比较，让他们给出选择的理由，总结出最佳的绩效目标的特点。

√ 请学习者先改进有缺陷的绩效目标，然后根据给定的背景自行设计绩效目标，组成团队对其绩效目标进行纠正，加入一些想象元素（例如，给面包圈涂黄油、为飞碟导航等），并把符合条件的目标记录下来。

√ 请学习者根据自己的情况设立和编排绩效目标，然后互相修改同伴设定的目标。

√ 总结和讨论设立绩效目标的益处和技巧。请学习者回顾本课程中涉及的所有绩效目标，然后对其进行评判、修改，最终认可。

评价

评价学习者的表现，是通过检验的方式看看他们是否学到了东西。如果能够对学习者的学习情况进行评价，就有可能提高学习的成功率。不过，评价并不针对个人，而是针对学习者的表现。培训师应该确定学习者应达到的评价标准。在自我定调的培训中，可以自动将评价标准记录下来备用。学习管理系统可以帮你很好地做到这些，但是我们要注意，它的效果取决于你如何设计或编程。在面对面的现场培训中，培训师要因地制宜，如采取提问等方式，要求学习者进行实际或模拟演示、做练习，然后自我评价、同伴之间互相纠正或者进行团队评价。总之，对学习者表现的过程和结果都要进行评判。

评价学习者表现的最普遍方法是笔试或口头测试并观察，以及评判其表现结果（在第 9 章，我们会谈到更多有关测试的细节）。

回到刚才的例子，我们可以按照如下方式进行评价。

√ 在“选择合适的绩效目标”这个练习中，集体讨论和评判学习者的表现。

√ 请学习者总结和陈述优秀的绩效目标有何特点。

√ 使用绩效目标清单，检查所有修改和总结好的绩效目标。

√ 使用绩效目标清单，检查学习者根据自身情况制定的绩效目标。

反馈

针对绩效目标提供反馈，让学习者明白他们做得是否对，如果做得不对则给予纠正。

如果学习者了解了自己的学习效果，他们就倾向于更好地学习。所以，让学习者在培训过程中接收反馈很重要。就像我们之前提到的那样，一定要针对学习者的表现而不是其个人提出反馈。通常，提供反馈的最佳时机是评价之后。但是，对于困难和复杂的任务，在下一个步骤开始前再进行反馈会更有效。这样做既能复习之前所学，又能对学习者的学习情况及时回应。如果评价会引起学习者的紧张（这在成年学习者中很常见），那么不要让他们一直猜测结果，而应提供迅速的反馈，以便缓解压力和鼓励学习。

最重要的是，反馈具有两种形式：一是纠正——向学习者解释如何才能达到目标；二是确认——告诉学习者他们已经达成了目标。纠正性的反馈必须以正面和鼓励的形式表达出来。

反馈很难提前计划好，但是，反馈在培训中必不可少且无处不在。在前面的例子里，我们可以提供如下反馈。

√ 根据绩效目标，随着学习者获得了必要的技能和知识，持续给他们提供纠正性和确认性的反馈。

√ 每个练习做完之后，根据绩效目标，告诉他们如何才能改进其表现或者确认他们的表现是正确的。

图 6-2 不仅展示了培训结构化的五步模型，而且附有对本书这一部分的要点总结。该模型虽然简单，但综合了各种学习研究结果，可以帮助学习者更加有效地获得知识。在下一部分，我们会把这个模型转化为操作性更强的计划表，在特定场景中加以运用。

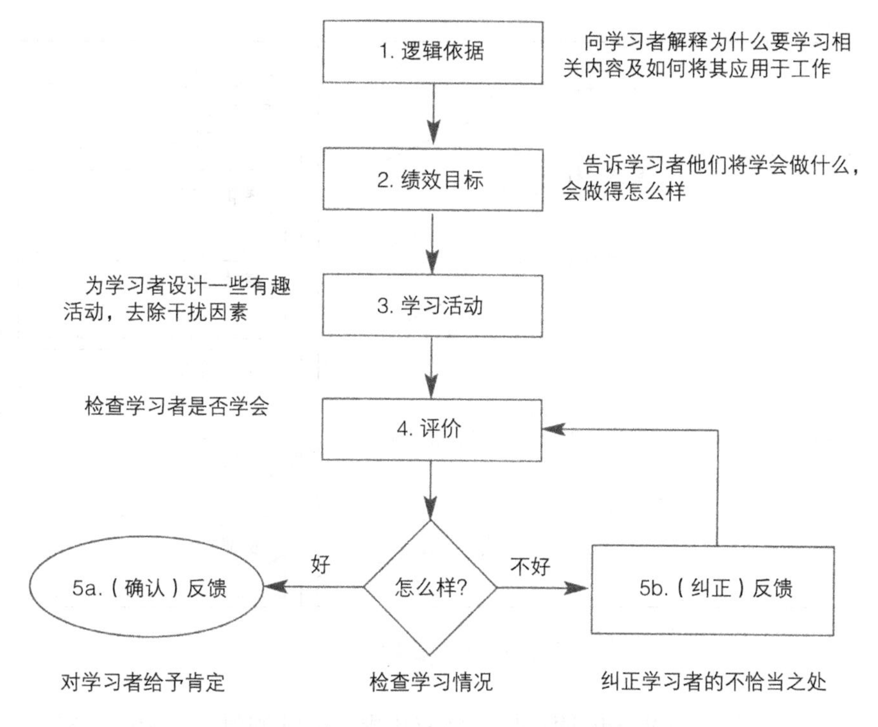

图 6-2　培训结构化的五步模型及要点总结

培训课程计划表

请看图 6-3，注意我们是如何把五步模型转化为计划表的，还要注意两个关键特点。其一，它不以内容为中心，而是促使你多考虑学习者。它要求你在开始的时候提供对学习者有利并使其认为有价值的培训的逻辑依据，并且定义了何种活动能够帮助学习者实现目标。

学习者和培训师在活动中所占比重必须相等（各占 50%）。然后，活动提出了如何对学习者的表现给予评价（在第 9 章，我们将用可观的篇幅详谈评价的方法和工具）。最后，纠正和确认反馈，这些反馈是对学习者的表现进行评价的自然结果，如有必要，可以为学习者提供纠正和引导。

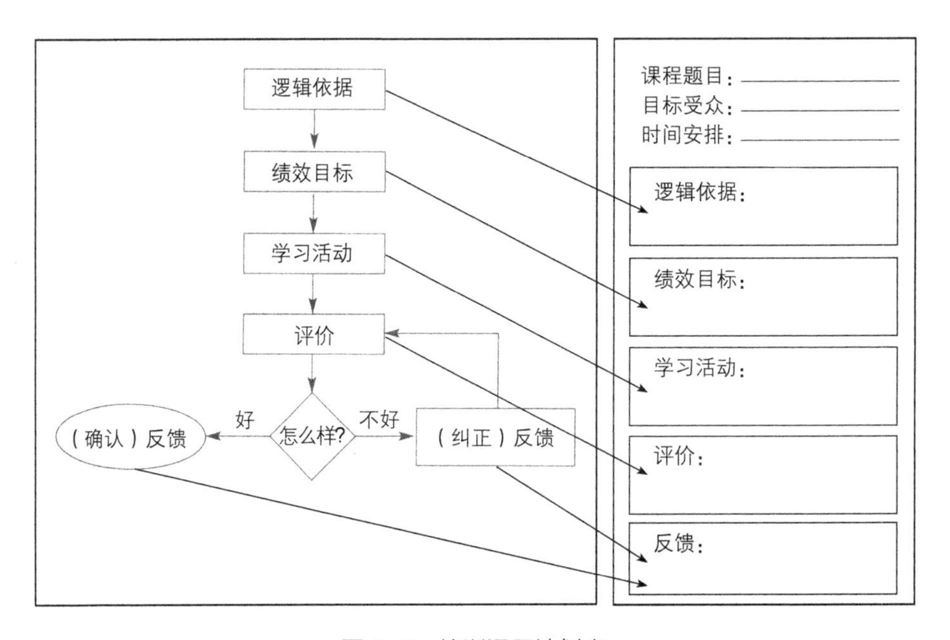

图 6-3　培训课程计划表

其二，注意计划表的简洁性。你应该思考培训的每一个步骤，然后用简短的文字将要点记录下来。我们在第 2 章的讨论中曾提到，人们倾向于用很多内容填充整个培训过程。不过，在这里，我们希望你首先以学习者为中心。当你安排自己的培训内容和学习战略的时候，不妨只选取必要、有用的内容，以便学习者理解和吸收。

下面，让我们通过举例来使用一下这个培训计划表。为了便于理解，我们加入了想象元素。

情景举例：会展门票

背景：州里每年都要举行一次规模盛大的会展。展期历时一周，成百上千自费购买门票的参观者届时都会蜂拥而至。每一年，州会展委员会都会雇用临时工人负责各项工作。你的任务是培训 45 名售票员，他们必须准确迅速地出售门票，否则排队买票的人因队伍太长会失去耐心。准确和迅速是本次培训的两个关键词。售票系统是完全人工化的，所有售票员候选者都是新手，你对他们的经验背景进行了调查。

目标受众：兼职售票员，教育水平从高中到大学不等，全部年满 18 岁，有些人年满 60 岁，大约 2/3 是女性。候选者的灵活性、听力和视力都没有问题。

培训主题：收费、出票、找零。

时间安排：2 小时 30 分钟。

培训地点：教室和简易搭建的售票亭模型。

根据场景的细节，我们制订了表 6-2 的培训计划，这个计划比我们平时做得要详细一点，因为我们认为较多的信息能够帮助你更好地理解整个培训过程。请在继续阅读之前根据表 6-3 评估这个计划。

为了完成表 6-3，你可能已经做了一些猜想，大体上，每项核对都显示“是”。如果并非如此，查找需要做什么来实现“是”。请优化我们的培训内容。

表 6-2　培训课程计划表举例

培训课程计划表
课程主题：收费、出票、找零
目标受众：州会展门票销售员（每堂课 15 人参加）
时间安排：2 小时 30 分钟

（续）

逻辑依据：

◇ 售票工作的最重要部分就是出售门票并正确找零。

◇ 排除外部干扰因素，如果掌握了技巧，就不会出问题。

◇ 如果出现 100 美元及以上的误差，你应为此负责；如果真正学会做这个工作，就不会出错。

◇ 每天我们都奖励出售门票最快、最准确的人。

◇ 当你出售门票速度缓慢或者出错时，有些顾客会反感，这堂课可帮你避免这些问题。

总体目标：

学习者有能力正确出售一定数量和类型的门票，准确收费并正确地将零钱找给顾客，每次售票的平均时间控制在 20 秒内（一次最多可售出 8 张门票）。

特定目标：

◇ 确定购票者所需门票的具体数量和类型。

◇ 在 10 秒内准确算出门票总价。

◇ 准确收取费用。

◇ 准确找给顾客零钱。

学习活动：

◇ 请学习者谈谈对于这个新工作，他们最担心的问题有哪些。

◇ 告诉学习者本次培训如何帮助他们缓解或者消除上述问题。

◇ 列出逻辑依据的要点并依次讨论。

◇ 给学习者展示票价表和工作参考资料，告诉他们使用方法。

◇ 练习使用不同的语气和询问方式，练习确定门票总价，并将练习次数记录下来。

◇ 使用纸币和硬币的模型，让学习者练习收费、出票和找零。该活动需要同伴配合。

◇ 在模拟售票亭中设置实践场景，把整个流程演示一遍，同时播放噪声。

评价：

◇ 给每项活动计时。

◇ 在模拟售票亭中，每位学习者为 10 名由同伴扮演的顾客服务，每名顾客都有不同的性格和要求。练习的同时播放背景噪声。培训师给每位学习者计时并评判其工作的准确性，进行最终评价。

反馈：

◇ 向学习者提供反馈，告诉学习者他们的表现如何，以及怎样做才能通过自我评价、同伴评价和培训师评判改进自己的表现。

◇ 向学习者提供准确的用时和表现信息，附带最终评价结果以及改进建议。

◇ 奖励表现最佳者。

表 6-3　培训课程计划评估

条　目	是	否
以学习者为中心确立逻辑依据	☐	☐
逻辑依据包含学习者的参与和贡献	☐	☐
以学习者为中心制定绩效目标	☐	☐
绩效目标切实可行	☐	☐
绩效目标与学习者的水平和背景相适应	☐	☐
学习活动与绩效目标相一致（能够引导学习者实现目标）	☐	☐
学习活动在至少 50% 的时间中要求学习者的参与	☐	☐
学习者可以参与活动并做出贡献	☐	☐
评价内容与绩效目标相一致	☐	☐
反馈适当	☐	☐
能够在安排的时间内完成培训	☐	☐

培训课程提纲

培训课程计划表只是按照“以学习者为中心，以绩效为基础”的原则初步对培训内容进行了组织。很多情况下，也许只制作这个计划表就足够了，剩下的工作就是对时间和资源的安排，然后收集和准备培训资料。下面是一条设计“以学习者为中心，以绩效为基础”培训的经验法则：

培训师对培训内容越是精通，计划中提到的有关内容的信息就越少；培训师的培训能力和经验越强、越丰富，计划中提到的指导性细节就越少。

这条原则主要适用于面对面的现场培训，然而自我定调的培训和学习活动的最终计划必须包含更多的内容和指导性细节。

如果有精心策划培训的必要，那么可以根据实际情况将 5 个步骤进行扩展，加入更多的提纲内容。在本书中，我们针对现场培训提供了一套培训提纲，因为其他类型的培训方式有其独特的细节要求。流程化的视频培训提纲与随机进行的、由学习者主导的授课不同，它们还与各种在线学习的形式有所区别。

我们认为表6-4和表6-5、表6-6在适当情况下是非常有帮助的，包括：

√ 培训师相对缺乏经验，为其提供一个可以跟随学习的提纲，提高学习成功率。

√ 培训师在培训中感觉紧张的时候，提纲可以缓解他们的忧虑。

√ 如果同一培训中有多位培训师参与（有些人喜欢我行我素），提纲可以确保他们行动的统一。

√ 如果需要各位培训师的行动高度一致，可以根据提纲内容进行同步监督。

√ 如果培训师人选经常变动，新的培训师可以根据提纲迅速接手。

√ 如果不经常举行培训，提纲可以减少事前的准备时间。

√ 如果对培训内容准确性有法律和规章方面的要求，如你需要对培训进行审计跟踪以便在产生法律纠纷时保护组织，提纲能够提供官方认可的调查指引。

让我们重新看一下提纲的每一部分信息。你也许注意到，这份提纲和戏剧剧本类似。培训可以算作一种特殊形式的戏剧，和戏剧一样，需要认真思考、准确定位、按照逻辑顺序安排内容，还要设定一个激动人心的结尾。我们相信，在很多方面，培训的要求比戏剧多得多。因为作为培训师或者培训课程设计者，我们不仅要吸引和满足学习者，还必须督促和帮助他们学习与记忆。很多培训比戏剧演出时间长，而且对受众的智力要求更高。更具挑战性的是很多培训的学习者甚至不是自愿参加的，如果我们要转变他们的想法，更需要精心的准备。

表 6-4　培训提纲（模板）

课程主题：________________

目标受众：________________

时间安排：________________

目标：

做什么	说什么	资源	时间

表 6-5 培训提纲的内容

课程主题：来自培训计划工作表
目标受众：来自培训计划工作表
时间安排：来自培训计划工作表

目标：来自培训计划工作表，如果有总体目标，则先阐明，然后列出具体目标

做什么	说什么	资源	时间
该部分与剧本的舞台指示相似，按顺序列出培训师和学习者应怎么做	该部分与剧本台词相似，列出培训师应该说哪些话，提出哪些建议。如果培训师需要内容方面的提示，则列出具体要点；如果培训师需要指导方面的提示，则列出指导性信息	该部分与剧本的预备部分相似。针对每一项指导活动列出媒介和资源要求	针对每一项指导活动列出确切的时间安排

表 6-6　培训提纲举例

课程主题：出售门票、收费、找零
目标受众：州会展门票销售员（每堂课15人）
时间安排：2小时30分钟

整体目标：参与者有能力销售一定数目和类型的门票、正确收取费用、正确找零，每次平均交易时间不超过20秒（每次最多卖出8张票）

具体目标：

◇根据顾客的要求确定准确的门票数量和类型
◇在10秒内准确算出门票总价
◇准确收取费用
◇准确为顾客找零

做什么	说什么	资源	时间
◇亲切微笑，向学习者提出问题 ◇在看板上写下大家的回应 ◇在看板上指出每一项，请大家举手表决，记下人数	◇问题："你对售票员这个新工作有什么担心和顾虑？" ◇问题："我给大家指出的每一项担心和顾虑，如果你觉得自己也有这种情况，就举起手，我会记下人数。"	◇看板、马克笔	◇8分钟

（续）

做什么	说什么	资源	时间
◇提出逻辑依据中的关键要点	◇陈述：“如你所见，你们之间很少有人的担忧是相同的，我可以保证这很常见。大家对未知情况都有一定的担忧。对你们来说，最好的消息是这次培训可以消除你们的所有顾虑和担心，让我们分析一下原因。” ◇解释培训如何能帮助学习者克服各种噪声和压力，搞好客户服务 ◇告诉学习者他们将在练习中获得的益处和乐趣，还要提及他们可以赢取奖励	◇在看板上列出培训的益处	
◇展示写有培训目标的看板 ◇朗读、解释和讨论总体目标和具体目标。如果学习者提出了顾虑，把它单独记录下来备用	◇陈述：“下面是本培训的目标。让我们先来读一下总体目标然后讨论。接着，在培训结束前我会简单地解释每一个具体目标。”	◇在看板上列出培训的目标	◇3分钟

最后，我们来看看前面的案例中，培训计划是怎样转化为提纲的。在前面的表 6-6 中，我们仅以一小段培训内容为例，向你展示培训提纲的概况。例子非常详细具体，就像我们先前提到的那样，细节的数量取决于培训师或学习者的知识和经验，还取决于对培训精确性和一致性的要求。

我们在本章开头已经提到，这一章是本书的核心，它集合了前面各章的所有要素。其余的章节则是对本章所提出模型的详细说明，它们将帮助你设计出既有效又有趣的学习活动，从而促进学习和记忆，并且最终将知识应用到工作中。它们帮助你有效地测试和评价培训的效果，为你提供有效的工具和方法，使你的培训更为成功，并为你自己和学习者提供奖励。

五步模型是以各项研究的成果为基础的，而且综合了人类观察、处理和使用信息的特点，本质上它是一个结构（一个心智框架），据此，你可以设计出有效的培训课程，不仅可以用它创造出新的培训课程，而且能借以改进那些设计不佳的现有培训课程。

应用五步模型对现有培训进行改进

假设你需要接手别人现有的培训资料和计划，发现它们只是简单的信息罗列，虽然内容很丰富，但本质上属于单向灌输。其中可能包括大量的文本细节，你该怎么做才能去粗取精，提高培训的效率呢？

下面是我们对应用五步模型改进现有培训的建议：选择一项已经存在的、内容繁多的课程，根据五步模型，从中提取你所需要的东西。假设该课程是有关新产品的，其目标受众是销售人员。通过回顾所有相关的课程资料，你可以总结出如下逻辑依据和绩效目标。

逻辑依据：市场对新系列的缝纫针的需求很大，上年纪的人因为视力下降，在穿针的时候遇到了困难，他们需要穿起来更容易的多用途针。同时，因为很多缝纫爱好者都是已经退休的人，闲暇时间很多，经常缝制各种手工作品，包括衣服、床上用品，甚至还有船帆。我们推出的新产品有很多吸引批发商、零售商、缝纫爱好者俱乐部和终端用户的特点和优点，十分具有竞争力。它们将给你带来绝佳的机会占领市场，增加销售量，极大地提高你的收入。不仅如此，它们还是具有充分创新特质的产品……

总体目标：培训结束前，你将认识到新产品带来的全新销售机会，了解新产品带给你的竞争力，并且能够通过销售新产品赚取20%～30%的额外利润，你的佣金也会至少提高20%～40%。

具体目标：

√ 指出并描述每种新产品的特点和优点。

√ 针对不同的产品定位不同的客户，包括批发商、零售商、缝纫爱好者俱乐部等。

请思考一下，你应该怎样把以内容为基础的现有培训转化为以学习者为中心的项目？

把现有课程分为几部分，如有必要应重新组织，从而建立符合逻辑的学习顺序，以学习的逻辑顺序而不是内容的逻辑顺序为基础。去掉不必要的部分或者把它们放在参考手册中（如果不能删除的话）。

√ 针对每一个需要记忆的部分总结其逻辑依据和具体目标。

√ 针对每个部分设立学习者进行互动和参与的活动。

在我们的例子中，不妨请学习者参加将产品特点和优点搭配起来的游戏，用以代替单纯告诉他们哪些产品适合哪些客户群体的方法。请学习者分成小组，根据产品资料评选最合适的搭配，然后编写一个“以学习者为中心、以绩效为基础”的活动参与计划。

进行评价并创造有挑战性的题目、测试、竞争比赛（这样符合销售人员的特点）时，特别要设计适合个人、同伴和团队解决的题目，为同伴评价和自我评价提供工具和参照清单，应针对每一项绩效目标设立一个评价活动。确保改编过的课程包含大量对话和反馈，以便对学习者进行纠正和确认。

好了，我们已经运用五步模型完成了一次成功的改造，改编后的培训能够带来更积极、更有效的学习成果。

五步模型的终极回顾

本章目前是本书最长的一章，它把一些关键内容集合在一起。图 6-4 把五步模型和一些关键点集合在一起，帮助你记忆这个模型，请在每个框里填空。然后，在圆圈中填入相应关键点的代表字母。答案如图 6-2 所示。

请记住

我们用快速的测试来结束本章。把每句话中你认为不正确的选项划掉，然后我们会给出答案。

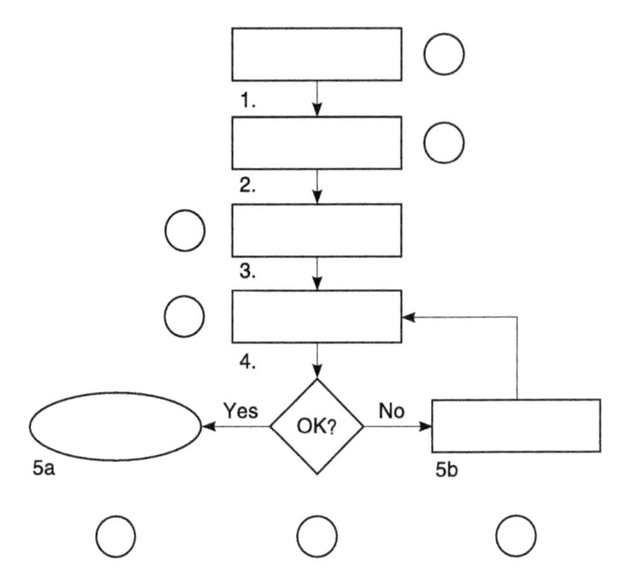

a. 告诉学习者他们将有能力做什么。

b. 告诉学习者他们是否做得对。

c. 检查学习者是否学会。

d. 纠正学习者做得不恰当之处。

e. 给学习者一些事情做，活动要有趣，不致使其厌烦。

f. 向学习者解释他们为什么应该学习这些内容，以及它们是如何应用在工作中的。

g. 检查学习情况。

图 6-4　培训结构化的五步模型

1. 当我们感知、处理、存储和检索学习信息时，我们都很（相似 / 不同）。

2. 期望值帮助学习者决定一个培训课程的（参加原因 / 结构）。

3. 如果你不知道在培训课程中怎么办，你可能会（把它指出来 / 停在什么地方）。

4. 人类在课程中寻找顺序与结构。如果没有的话，（他们会人为创造一个 / 接受现状）。

5. 有意义的沉默回应和公开回应（降低了学习速度/增加了学习成功的可能性）。

6. 最初学习的本质就是（积极、有意识地参与/自主、无意识的精神活动）。

7. 对于学习的评价的反馈应该是（积极或消极的/确认或纠正的）。

8. 基于你所重视的某方面的成就感是（内在的/外在的）奖励。

9. 在五步模型中，“逻辑依据”是与成人的（自主/自愿）学习原则相关联的。

10. 复杂的学习管理系统（自动提供有意义的、可用的诊断、指导和学习者数据/提供你编进去的学习者信息）。

以下是答案：

1. 当我们感知、处理、存储和检索学习信息时，我们都很相似。除非有一些心理上或病理上的问题，否则人类都是用同样的生理机制来对待信息的。作为同一个物种，我们处理新知识的大部分方法都可以推广到所有人身上。

2. 期望值帮助学习者决定一个培训课程的参加原因。期望值在口语中可以被解释成“它对我来讲意味着什么”。

3. 如果你不知道在培训课程中怎么办，你可能会停在什么地方。这是一个古老且真实的说法。没有清醒地意识到课程的走向，学习者很容易迷茫并且很快就会感到折磨，或者对于课程信息做出错误的假设。培训时必须给学习者提供对他们有意义的清晰的目标。

4. 人类在课程中寻找顺序与结构。如果没有的话，他们会人为创造一个。我们在混乱中寻找顺序。如果它们有逻辑性并且与之前的知识在组织上有联系，那么这些新技术和知识很容易就会被人们长久地存储在记忆中。然后通过练习，学到的东西就会变得更容易检索。

5. 有意义的沉默回应和公开回应增加了学习成功的可能性。没有研究证据显示学习者的积极回应会影响课程学习效果，但却有大量证据证明这种回应会产生更有效的学习与记忆效果。

6. 最初学习的本质就是积极、有意识地参与。头脑的无意识状态不允许我们记住所学的知识。当我们“头昏脑涨”时，我们就不能意识到发生的事情，学习实际上也就没有什么用处了。尽管如此，积极的精神参与可以提高学习的可能性，尤其是在我们还在摸索着理解新材料的最初阶段。

7. 对于学习的评价的反馈应该是确认或纠正的。反馈应该围绕任务而不是人，应该提供正确的信息将学习者带回轨道（纠正反馈）或者让学习者知道他已经达到了预期的目的（确认反馈）。

8. 基于你所重视的某方面的成就感是内在奖励。内在奖励是建立在对个人有意义的基础上的内部活动。外在奖励是鉴于你的成功给予的物质奖励。这些奖励比完成学习任务本身和为弥补缺乏完成目标的兴趣进行的补偿更有价值。

9. 在五步模型中，“逻辑依据”是与成人的自愿学习原则相关联的。逻辑依据给了学习者一个有价值的学习理由，它帮助大家在学习时间里发散思维，因此也与自愿原则关系最大。

10. 复杂的学习管理系统提供你编进去的学习者信息。学习管理系统可以做很多、很棒的事情，它拥有很多功能，你让它做什么，它就给你什么。你必须要安装你的学习管理系统，并按照最好用、易理解的格式生成正确形式的学习者信息。你的编程决定了你能从它那里获得什么。

结束这一章后，你要记住，尽管我们承认每个人都是与众不同的，但在学习上，我们的相似性大于差异性。

如果成年学习者知道他们学习的原因、学习能够带给他们什么，知道所有学习要素是如何组合在一起的（练习—得到反馈—从学习中得到回报），那么他们就会愿意去学习了。

运用五步模型——逻辑依据、绩效目标、学习活动、评价、反馈，你就能提高学习成功的可能性。

现在我们看一下如何能够坚持学习，也就是下一章的主题。

CHAPTER 7

第 7 章　帮助学习者记忆

本章要点

√ 所谓的“好的学习者”和“差的学习者”之间的根本区别
√ 五项元认知技能
√ 六种促进学习和记忆的认知策略

用培训内容的巧妙结构吸引学习者，并融合成年人的学习原则，这样的培训其效果会格外出色。但是，我们有时无法改变学习者的预期目的。我们能够引导学习者参与培训，但不能强迫他们学习。学习者对我们讲授的陈述性知识和程序性知识掌握得如何，在很大程度上取决于他们自己。

从第 7 章开始，我们首先探讨一下所谓的“好的学习者”和“差的学习者”（即那些理解我们所教内容并能长时间记忆的学习者和那些没有学习效果的学习者）的区别，由此引发了认知心理学和实际学习应用中对于“元认知”的讨论。不要担心，我们会以简明的语言阐述这个概念。在讨论了元认知、元认知对学习的重要性，及我们如何运用简单的元认知技巧帮助人们学习之后，我们会再深入拓展这个话题。这一章介绍了六种认知（心智或信息处理）策略，你可以运用它们提高学习效果。总而言之，你将通过本章弄懂为什么有些学习者学得比其他人好，知道你要怎么做才能弥补这种差距，学会如何帮助所有的学习者更好、更快地学习，并使学习效果长久延续。

元认知：掌控学习

在本书第4章中，我们描述了影响学习效果的三大主要因素：能力、知识背景和动机。我们现在还要加上第四项影响因素，它对学习的成功起着决定性的作用，即元认知。它是一套位于更高层次的控制系统，引导我们进行各种信息处理活动。每当我们为自己设定心智和认知方面的行动目标时（如学习或解决问题），这种高层次的信息处理方式就会介入，使心智活动更为有效。我们在很小的时候就能运用这种高层次的信息处理方式来提升自己的技能，在我们学会了如何学习之后，就可以提升元认知。不妨把元认知和元认知技能视为大脑思维的操作系统（此处我们借用了理查德·克拉克在2008年提出的概念），负责管理高层次的信息处理。每次学习新知识时，我们都要运用元认知能力。

为什么元认知能力如此重要

假设你在森林中漫步，孤身一人，又累又饿，你非常想吃东西。突然，你发现了一块林间空地，那里放着很多食物，你开始流口水了，但是在你准备吃之前，一个高大强壮、面目凶恶的人闯进了空地，对食物虎视眈眈。和他友好相处显然不可行，这是“适者生存”的时刻，谁会是幸存者呢，他还是你？

大自然给了你和这个大块头不同的体质：他块头大，肌肉强壮有力，举止粗暴，你则相反。你认为谁更有可能取得胜利？

□ 大块头能赢，你就饿着吧。

□ 你能赢，享受美味吧！

如果你的个头小，肌肉也少，但具备高超的格斗技巧呢？这会不会增加你的胜算？你会改变最初对胜负的看法吗？

这个例子虽然不够确切，但原始的学习能力和充分发展的元认知能力好比大块头与高超的格斗技巧之间的关系，高度发达的信息处理水平和筹划能力毕竟“技高一筹”，对我们也更为重要。“好的学习者”和“差的学习者”之间的主要区别证实了元认知能力的重要性，可以通过这些能力设定学习目标，做出计划并执行计划。学习者对需要解决的问题越不熟悉，元认知能力起到的作用就越大。研究证明，智力水平相当的学习者，元认知能力较强的一方更可能取得学习的成功。这给培训带来了重要的启示。通过帮助成年学习者加强他们的元认知能力，我们可以增强他们的学习和记忆能力，甚至对那些不那么有天赋的人也适用。

元认知能力有哪些呢？研究者们用不同的方式对其进行了描述。我们更为认可理查德·克拉克提出的五种元认知能力，以及它们是如何发挥作用的论点。表 7-1 对理查德·克拉克的描述进行了解释和概括。

为什么这些技巧对培训师、教练和教育者如此重要呢？因为学习者的成功决定了我们的成功，无论我们多么努力地创建“以学习者为中心、以绩效为基础”的培训课程，如果学习者缺乏元认知能力来处理我们传送给他们的信息，培训就不会成功。

表 7-1　“好的学习者”和“差的学习者”的元认知能力

元认知能力	“好的学习者”	“差的学习者”
筹划	学习新知识时，首先推理出必须做哪些事，然后制订一个计划来完成学习，适当地安排时间和资源	学习新知识时，不知该怎么做。随机地试验各种学习方法，没有提前规划。使用过去用过的老办法，无论它是否管用或是否适合新的学习挑战
选择	看、听、研究、分析，然后从杂乱无章的资料中筛选出关键要素，去芜存菁	不知道从哪里开始。一切看上去都挺重要，每样东西似乎都要学。很快就被各种新知识和细节淹没。可能做出不合适或者没有价值的选择
联系	不断寻找新旧知识之间的联系，企图理解新知识并将其与旧知识联系起来。能够自我创造有意义的推理和记忆方法	将新知识视为一锅粥，只知生吞而不知找出它们与已知技能和信息的联系。将新知识与旧知识隔离开来，不会进行联想。可能做出错误推断
调整	接受了新知识并进行练习后，进一步分析和研究新知识。调整推断策略并试图准确地理解新知识。抛弃错误的假设和过去有用但现在不需要的学习方式	对新知识虽有含糊的理解，但无法进一步分析和研究。继续在这些知识的基础上罗列更多的信息，而不是测试、调整和删除无用的部分。无法清楚地认识新的知识和技能，因此会出错并且对新知识做出过于简单的概括
追踪	在学习中，用更为成功的策略代替低效或存在不足的策略。应用新知识时，对概念化的模型进行改进，找出新知识应用的局限和可行范围。坚持理解和运用新知识并随时做出调整	在学习中，只使用已知的策略，无论其管用与否。知道努力但缺乏灵活性。在实践中，采取一成不变的方式应用新知识，生搬硬套，方法单一，时常出错。不会追踪关注新知识应用带来的影响，不会做出概念和操作上的变通

我们该怎么做？请记住，我们的指导和培训是对学习者缺乏的知识的补充。请看表 7-2，它提供了对学习者不足之处进行补充的建议。

表 7-2 补充学习者的不足的建议

影响因素	补充措施
能力	◇ 把所学知识分成小段的信息串 ◇ 简化 ◇ 使用大量实例 ◇ 删除不必要的内容
	◇ 针对每一段信息串，提供足够的练习，以确保学习者能够掌握 ◇ 逐渐由简单到复杂 ◇ 阐述说明
知识背景	◇ 特别开设课程来关注学习者已有的技能和知识 ◇ 在新知识和相关的原有经验之间建立联系 ◇ 如果需要，给学习者分发与其原有知识有关的资料进行练习 ◇ 设立指导课程和帮助课程 ◇ 让具有知识背景缺陷的学习者与能够帮助他们的学习者结对分享知识 ◇ 创建学习小组，将不同水平的学习者混在一起，让他们互相帮助
动机	◇ 有针对性地向学习者展示所学知识的价值和益处 ◇ 向学习者展示其崇拜的成功人士是如何重视相关学习内容的 ◇ 通过指导学习者做练习增强其自信，对成功者进行奖励 ◇ 提供足够的挑战，激励学习者参与 ◇ 讲述成功故事 ◇ 营造积极向上的氛围，让学习变得有趣，引入奖励机制

在元认知能力方面，不妨在培训开始前对学习者进行分析。事先确认学习者的学习能力，查看其过去参加培训的学习记录，找出存在的问题。调查他们在工作中遇到过怎样的问题，与其主管交流。当你启动培训的时候，需观察学习者在元认知方面的不足之处。表 7-3 针对学习者的元认知能力缺陷提出了补充建议。

表 7-3 补充元认知能力的不足的建议

元认知不足	补充措施
筹划	◇告诉学习者想成功需要付出什么

（续）

元认知不足	补充措施
筹划	◇提供所需资料和资源的清单 ◇指导学习者做好学习准备，营造适当的身体和精神条件，根据学习者自身水平选择学习强度，并提供一张学习时间表供其参考 ◇与学习者探讨如何成功进行学习筹划，回答问题并追踪表现效果
选择	◇向学习者指明培训和所有相关材料中有哪些要点 ◇告诉学习者需要注意什么 ◇与学习者回顾各个重点 ◇提供线索，帮助学习者确认重点。这些线索可以包括标题和副标题、划线词句和术语、标签、带有加框的关键信息的插页、对重要项目的回顾 ◇请学习者做好准备听（读）并选出关键知识点。培训师提供信息，学习者记录。回顾和检验他们所选择的内容，提供纠正和确认性反馈 ◇提供指导并让学习者记录下来，或者让其填写与已学内容有关的空白图表，在上面标注线索和提示 ◇经常进行强调关键学习因素的练习和测试
联系	◇请学习者回想相关的旧知识，将新知识与之联系 ◇使用熟悉或易于联系的例子，帮助学习者理解全新或者抽象的概念、过程、原则或者步骤 ◇运用推断、隐喻和比较等方法在新旧知识和技能之间搭建桥梁 ◇鼓励学习者利用其原有知识或观察，在新旧知识之间创造联系
调整	◇提供要求学习者立刻运用所学知识的练习、事例和案例 ◇让学习者通过练习找出与自己所熟悉的知识之间的明显区别 ◇逐渐加大练习难度，使其能够找出更细微的区别 ◇对练习进行改编，使其适应不同的学习和解决问题的方法 ◇通过自我测试、清单或者观察和现场指导的方式，对学习者的表现进行评价并提供纠正和确认性反馈
追踪	◇提供模拟环境，以便学习者在实践中应用所学知识。改变环境条件，加大练习难度 ◇请学习者互相监督和观察对方应用所学内容的情况，运用观察工具和清单将应用情况记录下来。请学习者互相评价 ◇观察所学内容的实际应用情况或观看录像带。询问学习者新知识的应用情况

（续）

元认知不足	补充措施
追踪	◇让学习者置身工作环境，请他们使用评价工具评判自己的表现。请有经验的工作者观察学习者应用新知识的情况并给出反馈 ◇询问学习者的情况。请他们谈谈遇到了何种困难，帮助其选择不同的学习技巧克服障碍

在这里，我们并不是想把你变成学习评判专家，而是为了让你了解，能够促进或者阻碍学习进行的一些重要特点，所以你需要考虑到学习者或学习者群体的元认知水平。为了帮你确认自己是否掌握了元认知方面的重点，请查看表 7-4，将学习者遇到的元认知问题与可能采取的措施配对。如果你完全答对或者答对了大部分，不妨表扬一下自己。对于做错的部分，我们建议你重新翻阅相关部分内容，然后再次作答。相对来说，很多培训从业者都不够了解元认知这个概念，因此你对元认知的认识和深入了解能够让你在培训行业领先一步。

表 7-4 弥补元认知能力的缺陷

学习情景	元认知问题和可能采取的措施
□ 1. “哦，我糊涂了，这些单词太复杂了。每一个词看上去都很重要，学习的负担真重啊！”	a. 联系问题——在新旧知识之间架设桥梁。使用推断的手法和生动的例子帮助其理解新旧知识之间的联系
□ 2. “我不太理解。有时我能做对，下次就做不对了。我可能弄错了什么。”	b. 选择问题——明确指出学习的要点，提供线索并画出重点内容。向学习者提供学习指导
□ 3. “一切看上去都很陌生。这些奇怪的观点、词汇、概念和程序没有我熟悉的，太抽象了。”	c. 筹划问题——指出成功学习的要素。提供学习量和时间方面的建议。指导学习者安排时间、收集资源并营造个人学习环境
□ 4. “好吧，从大纲来看，要学的内容很多，我只要做我通常做的就好了。”	d. 追踪问题——推荐一些备用的学习技巧。让学习者进行一些简单的模拟练习，对其表现做出反馈。然后加大练习难度，给出综合性更强的反馈。对学习者的正确表现给予确认

（续）

学习情景	元认知问题和可能采取的措施
□ 5. “我不知道，我总是做相同的事，为什么我学不会？有时，我似乎理解了，然后他们告诉我，不能这样运用。我无法做得更好。”	e. 调整问题——弄清细微的区别。提供更为实用和有针对性的反馈，以便让学习者关注具体的概念、原则和步骤。探查其不足和理解错误之处并帮助学习者搞清楚

答案：1-b；2-e；3-a；4-c；5-d。

关于元认知，最后需要注意的一点是，人类会不断发展自己的元认知。这种活动从童年时代就开始了（最早可能始于婴儿时代），你可能已经注意到，有些你认为并不是特别有天赋的人，学习成绩却超过了那些看起来很聪明的人。

这种情况下，元认知能力可能会起关键作用。培训成年学习者时，你可以根据我们的建议帮助那些元认识能力不成熟的人。研究证明，如果学习者在指导下运用元认知能力并进行思考，不仅对学习有帮助，还能提高其元认知能力水平。这叫作“交互式教学”。学习者在学习的同时，提高了认知能力，为将来的学习做好了准备。

认知策略：如何学得更快、更好、付出更少

产品设计界有个说法：“更好、更快、更便宜——请选择其中两项。”换言之，如果你想产品设计又快又好，产品的成本就要提高；如果你想要更快、更便宜的产品，那么质量就受影响。选择更好、更便宜的产品？对不起，效率不能让人满意。在这一部分，我们可以同时满足你对

这三个方面的需要，我们将六种认知策略介绍给你，以便你和学习者使用。实践证明，这些策略能够加快学习速度、改善记忆效果，还能让你在教授和学习这两方面花费更少的时间和精力。有了这些优势，你将有能力开展更多的学习活动。

首先，什么是认知策略？我们参考了伊利诺伊大学的查尔斯·K. 韦斯特（Charles K. West）、詹姆斯·A. 法默（James A. Farmer）和菲利普·M. 沃尔夫（Phillip M. Wolff）三位研究者的说法。认知策略是我们在研究和学习中使用的心智方法，与元认知能力不同，元认知的层次更高、更具主导性。我们的认知策略组成了一个思维和学习的数据库，可以利用它确认特定的学习情况。认知策略帮助我们对知识点进行组织，加以吸收并能更容易地回想知识点。让我们举一个简单的例子，请看下面的两个铸有林肯头像的硬币。

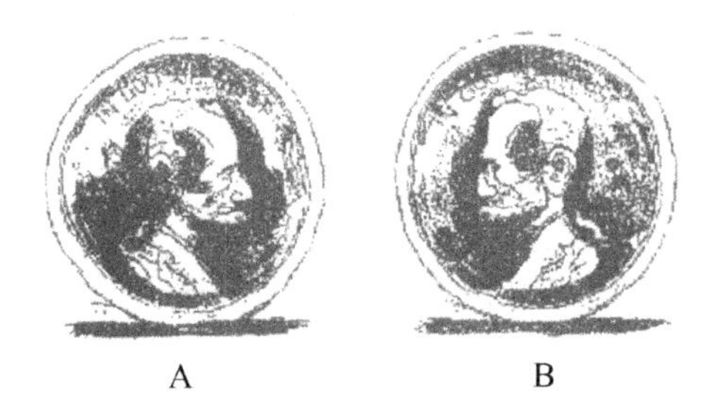

在左边的硬币上，林肯的脸朝右；在右边的硬币上，林肯的脸朝左。请不要找出真正的硬币来对照，先回答：哪一个硬币是真的？

正确答案是 A。我们曾经请几千名美国成年人做这道题，令人吃惊的是，70% 的人会选 B，尽管他们见过这种硬币无数次，但每次都没有注意人脸的朝向。公布答案前，我们问他们是否愿意出一万美元赌自己的回答正确，然而很少有人愿意打这个赌。

我们如何才能确保自己记住硬币上林肯的脸朝向哪里呢？不妨记住这句话："我们伟大的总统林肯，总是为人民做正确[⊖]的事情。"现在记住了吧！

我们为什么要讨论硬币这一话题呢？原因很简单，帮你记住一个简单但有用的学习方法，将一些不容易分辨的区别（因此也不好记忆）与熟悉的场景和句子联系起来（如刚才的两句话）。这是非常有用的办法，能帮你迅速抓住要点并牢牢记住，这是更好、更快、付出更少的认知策略之一。

现在，你已经体验了认知策略的威力，让我们继续探讨。认知策略是一系列方法的集合，可以帮助人们学习。与差的学习者相比，好的学习者拥有很多认知策略，使用起来更为自然、频繁和恰当，因此通常能够获得更好的学习效果。我们将列出一些重点来帮你运用认知策略以帮助学习者。

六种认知策略

（1）分类：将信息安排得更易于感知、理解、记忆和回想。

（2）空间化：将信息要素进行空间罗列，以便更好地理解、记忆和回想。

（3）预先组织：对学习内容进行预先组织并附上简短的介绍信息，使其更为直观。帮助学习者理解新知识及其与旧知识之间的联系。

（4）多元化比较：通过推理、隐喻等多元化的比较手段在新旧知识之间架设桥梁。

（5）重复：通过强化和练习帮助学习者记忆知识，直到牢牢记住为止。

⊖ 英文单词"right"既可译为"正确"，又可译为"右"。——译者注

（6）记忆助手：利用容易记住的一些字母、单词或图像帮助学习者记忆和检索更为复杂的信息。

下面是对六种认知策略的详细讨论，附有例子和使用建议。

分类策略——组织信息

下面是20个需要你记住的单词，给你30秒的记忆时间。预备，开始！

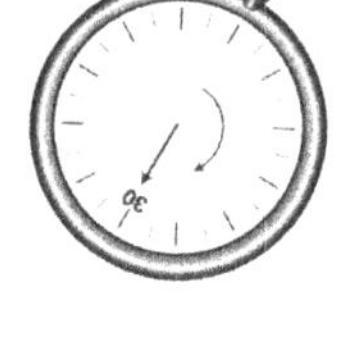

网球、豹子、方格、澳大利亚、大米、标签、面团、火鸡、狗、荷兰、橘子、跳房子、蟋蟀、爆米花、台球、鸵鸟、丹麦、熊、中国、面包圈

现在把上面的词遮盖起来，在方框中根据记忆写出单词，越多越好。

对照正确答案，看看你记得多少单词，把个数写在下面方框中。

正确回答个数：

现在，再用30秒记忆下面20个单词，预备，开始！

动物	**游戏**	**国家**	**食物**
长颈鹿	曲棍球	斐济	蛋
蝾螈	象棋	俄罗斯	椒盐饼
鹅	溜冰	比利时	樱桃
狼	乒乓球	挪威	巧克力
老鼠	手球	日本	花生

把上面的单词遮盖起来，在方框中根据记忆写出单词，越多越好。

正确回答个数：

你的两次得分有何区别？一般来说，第二次得分要比第一次高，因为第二道题将词汇进行了分类。任何形式的分类，只要是基于逻辑，都能促进信息的认知、理解、存储和检索。分类策略包括多种形式，如归类（上述的题目就进行了词汇归类）；按照逻辑顺序写下操作步骤，根据时间顺序给事件排序；根据逻辑顺序对物品进行组织，就像逐个观察房间后描述一个房子，甚至构想出一组有逻辑性的数字编码，就像我们在本书开篇做的那样。

当你把陈述性知识或者程序性知识归入逻辑化、易于理解的知识组时，就是对认知策略的一次成功运用。

空间化策略——将信息视觉化

用视觉化的方式把信息罗列出来，可以帮助学习者看到事物之间的联系。这种空间组织形式是促进学习成功的另一种方法。图 7-1 描述了一类空间化策略。请注意"为了出差打包物品"这个大任务是如何被分解成几个小任务并进行空间化罗列的。有了这样的直观表述，学习者可以立刻理解自己必须完成哪些项目。该方法能够促进学习、追踪和记忆。

还有一种空间化策略工具，即流程图，它将一系列步骤程序化和视觉化，帮助学习者进行练习和记忆。在图 7-2 中，请注意菱形的方框，从这里开始你要做出选择。流程图有可能相当复杂，但如果学习者是新手，简单易懂的流程图可以帮助他们看出整个过程包含的要素。

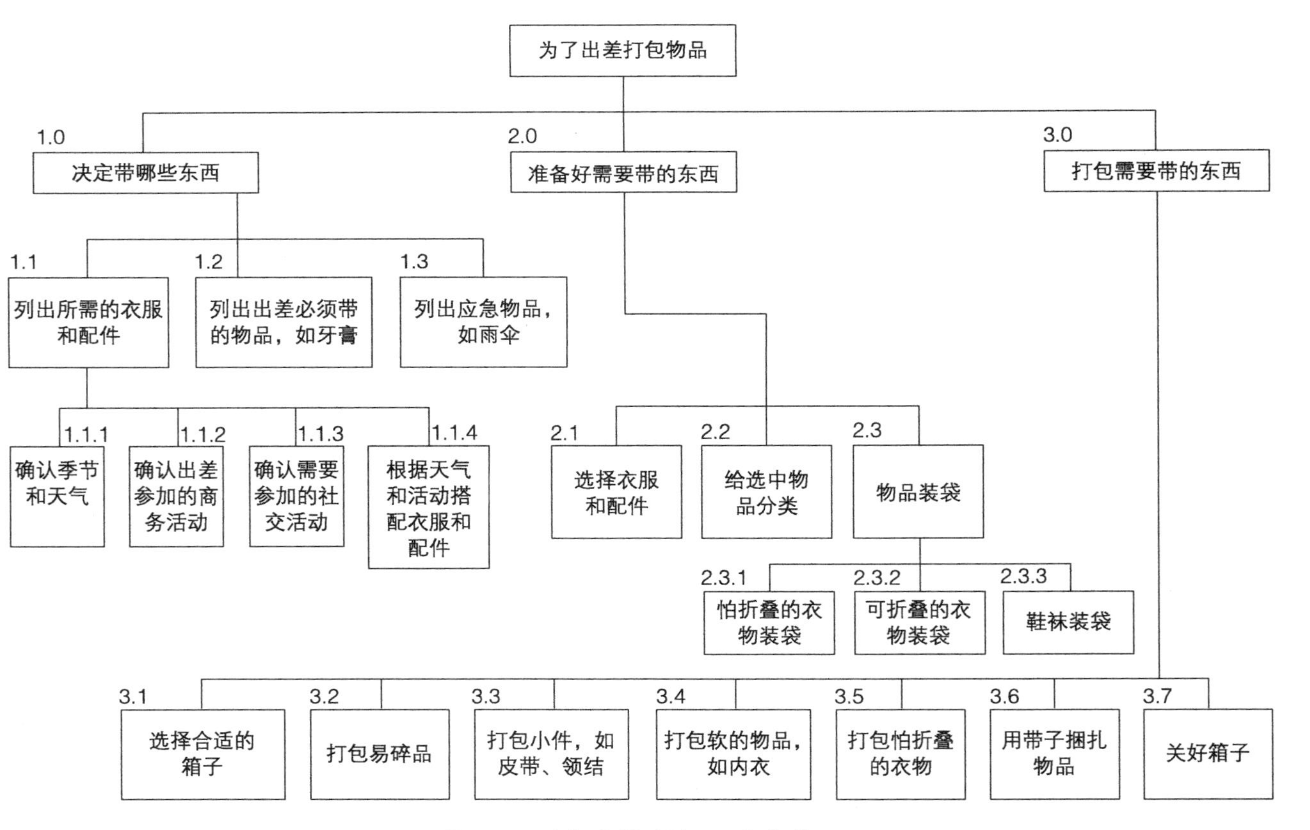

图 7-1 空间化策略演示：打包物品

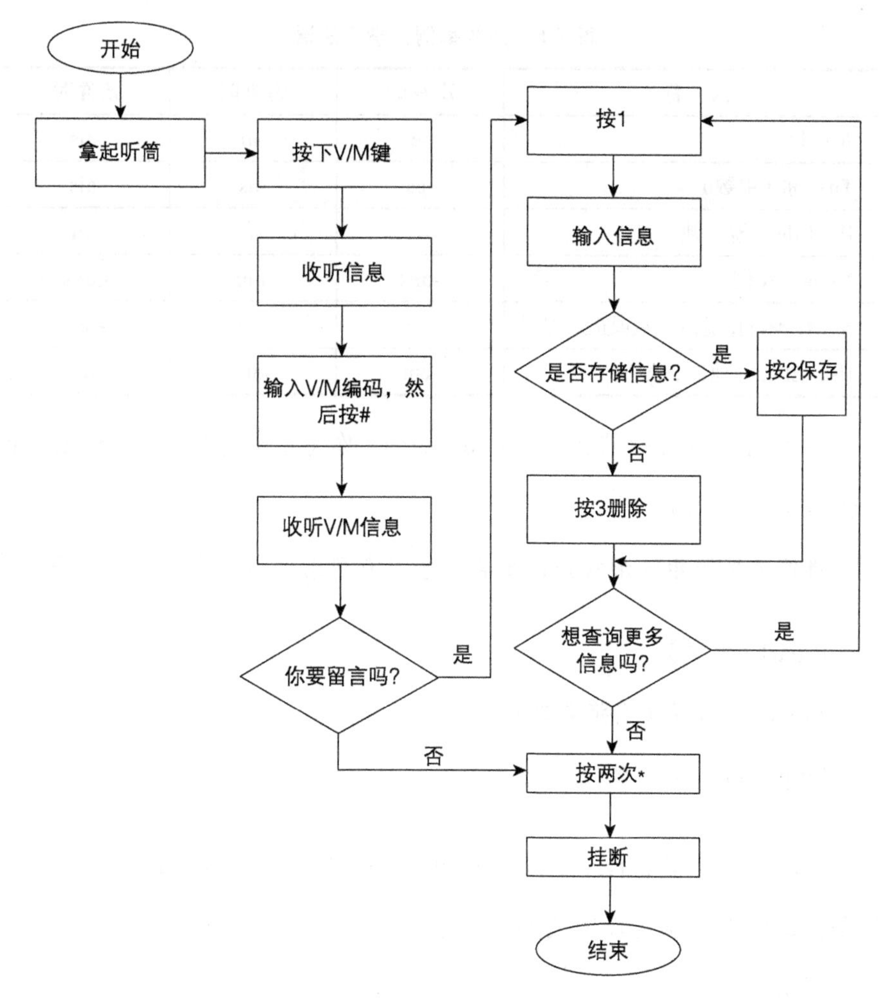

图 7-2　流程图举例：查收语音邮件

矩阵也是一种常见的空间化策略工具。我们将利用矩阵教你一些法语（见表 7-5）。下面是规则法语动词的变位形式：

1. 不定式（例如：donner= 给）。

2. 现在时，把词尾的 er 去掉，在 donn 后面加上下面列出的字母组合。

3. 将来时和条件时，在不定式（donner）后面加上下面列出的字母组合。

表 7-5 矩阵举例：学习法语

人　称	现在时	将来时	条件时
Je：我	-e	-ai	-ais
Tu：你（单数）	-es	-as	-ais
Il，Elle：他，她	-e	-a	-ait
Nous：我们	-ons	-ons	-ions
Vous：你们，您（复数或正式称谓）	-ez	-ez	-iez
Ils，Elles：他们，她们	-ent	-ont	-aient

举例：Je donne（我给）；Tu donneras（你将要给）；Elles donneraient（她们曾经将要给）。

将信息按照矩阵形式排列是否对学习有帮助？请你自己检验一下。

Il parl（他说）

Nous march（我们将要走）

Vous dans（你们曾经要跳舞）

正确答案是 Il parle，Nous marcherons 和 Vous danseriez。如果回答有误，请再看一遍矩阵相关内容，它对知识的学习、应用和自我检测非常有帮助。

我们的举例包括了逻辑化的程序和矩阵，将多种认知策略结合在一起使用就是一个更出色的策略。

矩阵还可用于总结课程的中心内容。学习者可以参与设计矩阵然后使用它学习，有利于记忆和应用。例如，培训师引导银行新职员在客户设立的新账户中进行操作时，可以把每个账户的情况列在矩阵里。如表 7-6 所示，由培训师和学习者在培训过程中填写主要信息。

表 7-6 银行各账户矩阵

账 户	主要特点	主要收益	局 限
活期存款			
货币市场			
储蓄和支票			
储蓄利息			

矩阵对基本信息进行了组织，可以帮助学习者进行逻辑化的对比和区分。其适合用在教学中，作为帮助记忆知识的辅导工具，也可协助工作。可以先在模拟环境中练习使用矩阵，再在实际工作中使用。

预先组织策略——预览未来信息

关于预先组织策略是如何促进理解、学习、记忆甚至应用课题，目前已有大量的相关研究。普遍的研究结果表明，适当运用预先组织策略，对学习极有帮助。预先组织策略通常是指在学习者学习新知识或技能之前，培训师对它们进行简短的介绍，让学习者预先了解其内容。通常，该策略会展示新旧知识的逻辑联系，并对二者进行比较，还可以勾画出新知识大纲，帮助学习者做好接收信息的准备。

本书第 1 章就运用过预先组织策略，对全书进行了简短介绍。另外，本书的每一章开始部分都会对本章内容和重点预先做出介绍。下面是运用预先组织策略来学习新知识的典型例子，其中还包括培训的逻辑依据，以提高学习者的积极性。

在上一章中，你了解了陈述性知识的一些信息，陈述性知识通常在大脑的新皮层中进行处理和存储，属于大脑接受的最新知识的形式。你还练习了如何认识和回忆陈述性知识。这一章将为你介绍“行动”的知识，即程序性知识。与陈述性知识不同，人类和各种动物都有能力学习和获得程序性知识。

如同一篇文章的摘要一样，预先组织策略让学习者迅速了解和思考接下来即将接触的知识。你可以在课程、模块或者单元的开始运用该策略，在新旧知识间建立联系，陈述新知识的要点，附上简短的介绍，帮助学习者进行准备，深化理解，加强新知识在工作中的运用。

多元化比较策略——推理、隐喻和比较

大人经常给小孩子讲故事，如《伊索寓言》和《圣经》的故事。柏拉图曾经用洞穴的比喻告诉我们现实世界和理想世界之间的关系。我们在生活中需要频繁运用多元化的比较手段，如在日常对话中使用隐喻："她是一个桃子！"或者"他是只臭鼬！"。"电脑界面"这个概念就建立在隐喻的基础上，人们把屏幕叫作"桌面"，在上面设置菜单和图标。

多元化比较对于学习和记忆极有帮助。如果你还记得"小洞不补，大洞吃苦"这句谚语，就能理解未雨绸缪的做法可以帮助我们节省金钱、时间和资源，避免灾难。

认知策略的力量体现在它能在新旧知识之间搭建桥梁（联系）。表 7-7 列举了多个模块、课程的绩效目标，运用少量隐喻帮助学习者理解新知识。你还可以利用填空练习来锻炼想象力，借助隐喻回答每一项问题。题目没有固定的正确答案，我们会在你尝试之后给出最后三项的参考答案。

表 7-7　创造隐喻

绩效目标	隐　喻
◇检索数据库	◇ 查询黄页、搜索图书馆
◇检修设备	◇ 医学诊断
◇销售奢侈品	◇ 精致餐馆
◇选择假期	◇ 探险、冒险
◇提供有效的客户服务	◇ 在家中接待客人
◇设计课程	◇ ____________________
◇整理文档	◇ ____________________
◇创建和管理团队	◇ ____________________

经过大量讨论，我们觉得最后三项可以填写如下隐喻：设计课程——盖房子；整理文档——春季大扫除；创建和管理团队——生产体育或戏剧用品。还可以有很多答案。

根据研究和经验，多元化比较策略可以激发人的想象力，促进学习。该策略运用时非常有趣，可以称之为享受（帮助学习者在新旧知识之间架设多元化的桥梁），对学习而言是一种效果惊人的认知策略。

重复——练习、练习、练习

这种认知策略听起来比较枯燥，不过，重复和强化确实是最为简单有效的记忆方式，特别是对于长期艰苦的学习生活而言。你还记得多年前自己是如何背诵字母表的吗？经过这么多年，你会记错或漏掉一个字母吗？另外，乘法表不也是利用重复进行记忆的吗？这里有 4 个算式，你能在 10 秒内做完吗？开始！

7×5 =______　6×6 =______

9×9 =______　8×6 =______

即使是多年不做乘法的成人，也会在 5 秒内写出全部正确答案！无论是陈述性知识（如欧洲各国首都、引擎的各组成部分、某个操作的各个步骤）还是程序性知识（如测试列车的空气制动、跳探戈、确认审计报告），学习中充满了各种类型的重复和强化，只有这样才能记住和回想起知识。我们在表 7-8 中推荐了一些重复技巧，并附有应用举例。

SQ3R 法是经过实践检验的理解和记忆学习法之一，这几个字母代表调查（Survey）、提问（Question）、阅读（Read）、复习（Review）和背诵（Recite）。最近，我们访问了一所知名大学，在那里，我们旁听了大一新生的一堂课。学生们利用 SQ3R 法进行各种内容的学习，而且对结果非常满意。虽然该方法早在 20 世纪 30 年代晚期至 20 世纪 40 年代初期就问世了，但是对于这些新生来说，SQ3R 法的神奇效果仍然让他们觉得新鲜。

学习、记忆、练习、强化、自我测试和测验，这组步骤对学习的巨大帮助作用早已得到无数次证明。运用它们的关键是对信息进行组织，寻找其意义并且进行系统化的应用。随着时间的推移，人们对知识会越来越熟悉，学习的效率也会提高。

表 7-8 重复技巧

技 巧	应用举例
重复词语或步骤，配上节奏或韵律	◇ 危险货物分类 ◇ 拆卸和装配设备
朗读和倾听学习内容，做笔记，把每个要点转化为一个问题，不断提问，直到正确理解为止（适用于团队活动）	◇ 背诵必须记住的规则 ◇ 记忆产品的特点和优点 ◇ 紧急停机
针对某个材料编写测试问题（或者请学习者来编写测试问题），不断进行测试直到取得完美成绩为止	◇ 专业化的资质鉴定文件（如法律、会计、网络工程） ◇ 各类安全检查（如有形财产、知识产权）
培训师做指导，学习者记笔记，可以加入关键词并进行解释和阐述，也可在空白的表格、矩阵和流程图上填空，然后和正确答案对照、学习、重复直至完全掌握	◇ 包含大量程序和新词汇的技术课程 ◇ 关于身体语言的课程，包含对姿势及其意义的讲解 ◇ 处理各类火情的行动指南

记忆助手策略——记忆的工具

我们把最好的策略留在最后，这种认知策略也被称为“记忆术”，是记忆活动的最佳工具。它的作用很大，从技术专业的学生，到军人、法律人士和医务工作者，都会在学习中采用几百种不同的记忆术。基本来讲，记忆术就是记忆活动的“拐棍”——一组容易记住的字母、单词或者图像，可以帮助使用者存储和检索更为复杂的信息。在这里我们将分析四种记忆术，每一种都可以用来帮助学习者记忆关键信息。还可以鼓励他们创造自己的记忆术。

√ 字母缩写：人们普遍喜爱这种方法。把一个短语的首字母记下来，组成一个有意义的单词或短语。最常见的例子是 HOMES 这个缩写，人们用它记忆北美洲五大湖的名字：休伦湖（Huron）、安大略湖（Ontario）、密歇根湖（Michigan）、伊利湖（Erie）和苏必利尔湖（Superior）。我们为记忆六种认知策略创造了一个缩写——I SCRAM（Image-rich Comparisons，Spatial，Clustering，Repetition，Advance Organizer, Memory Aid），也许并不完美，但是我们通过创造这个缩写，对六种策略记忆得更深刻了。

√ 藏头（尾）诗：根据某个需记住的事物创造一个有意义的短语，如“Every good boy deserves fudge.”（每个好孩子都可以吃软糖），每个单词的首字母分别是一个音乐调号（见图 7-3）。

√ 打油诗：人们可以创作很多带有韵律的句子，以记忆难记的事实。英语中，一个十分有名的例子就是“30 days hath September，April，June，and November. All the rest have 31……”（一个月有 30 天的有九月、四月、六月还有十一月。其他月份有 31 天……）。

这段话的其他部分，很少有人想得起来，但足以帮助大多数人记忆。

√ 关键词：在容易记忆的短语或句子里嵌着重要词语，如我们在“印有林肯头像的硬币”例子里使用的那两句话。

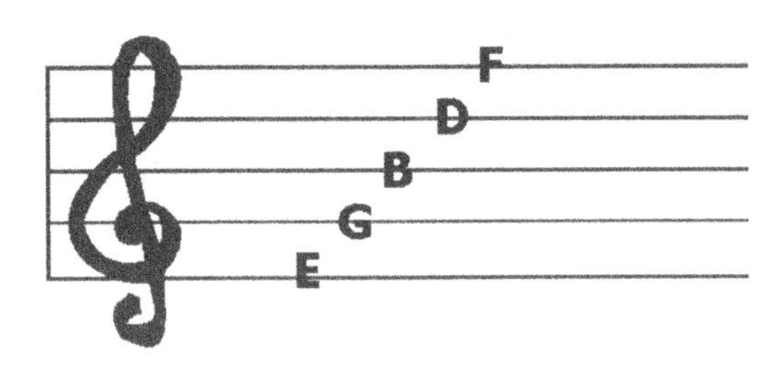

图 7-3　藏头（尾）诗示例

还有很多其他记忆术，市面上也有介绍记忆技巧的书，不妨鼓励学习者自行创造记忆术，然后运用它们记忆和回想陈述性知识和程序性知识。

认知策略——结语

你可以随意利用本章提到的所有认知策略进行记忆和学习。作为培训师、教练或教育者，我们的任务是帮助人们学有所成。如果所有学习者都具备较强的能力、丰富的基础知识、强大的学习动机、成熟的元认知技巧和足以应对各种特定学习情况的认知策略，那么就能达到理想的学习境界，我们只需为他们提供学习目标和资源就可以了。但是，现实并非如此，参加各种培训的学习者的能力和水平各异，我们的工作就是将培训内容系统化，以便成功地改变学习者。为实现该目标，我们使用五步模型、满足运用元认知技巧的各项需要——筹划、选择、联系、调整和追踪，还要运用各种认知策略加强学习的效果。

请记住

最后我们来回顾一些关键要点，请划掉下列句子括号中的不正确词语。

1. 成熟的元认知能力（能 / 不能）弥补学习能力的不足。

2. 我们（天生具有 / 生来并不具有）成熟的元认知能力。

3. 分类、记忆助手和重复（是 / 不是）元认知能力。

4. 筹划、选择和联系（是 / 不是）元认知能力。

5. 作为培训师，我们（能 / 不能）弥补学习者的元认知缺陷。

6. 在 10 美分硬币上，富兰克林 · 罗斯福总统的脸部朝（右 / 左）。

7. 作为培训师，我们（能 / 不能）使用认知策略帮助学习者获得、存储和回想需要掌握的技能和知识。

8. 学习者（可以 / 不能）自行发展认知策略。

答案如下：

1. 成熟的元认知能力能弥补学习能力的不足。它们可以帮助学习者充分发挥内在潜力进行学习和记忆。

2. 我们生来并不具有成熟的元认知能力。我们从婴儿时期起就开始在学习中不断发展这些能力。

3. 分类、记忆助手和重复不是元认知能力，它们属于认知策略。

4. 筹划、选择和联系是元认知能力，此外还有调整和追踪。

5. 作为培训师，我们能弥补学习者的元认知缺陷。这是我们的主要工作之一，而信息传递并非我们的主要工作。

6. 在 10 美分硬币上，富兰克林 · 罗斯福总统的脸部朝左。

7. 作为培训师，我们能使用认知策略帮助学习者获得、存储和回想需要掌握的技能和知识。我们通过学习活动和资料帮助学习者掌握和练习使用这些策略。

8. 学习者可以自行发展认知策略。帮助和指导学习者运用这些策略，叫作“交互式教学”。他们在学习各种知识和技能的同时，进一步加深了对认知策略的了解和掌握程度。

本章关注的焦点是学习者应该掌握的心智技能和策略，以及我们如何才能帮助学习者掌握这些方法。下一章将向大家介绍培训的 4 种综合方法及大量的学习活动，你可以将它们安排到自己的培训中。请稍微休息一下，我们第 8 章再见。

| 第三部分 |

应用学到的知识

学习调查工作

CHAPTER 8

第 8 章 培训方法及各种学习活动

本章要点

√ 4 种培训方法
√ 25 项学习活动
√ 培训设计模板
√ 有效培训的简单公式：教学—鼓励—释放

本章包含两大主题。其一是 4 种培训方法，这 4 种方法都是在正式场合中经常用到的，结合事例，我们为你阐释这些方法及如何单独或综合地使用它们。通过阅读这些内容，你的眼界会更加开阔，了解如何完成培训任务，知道自己该采取何种行动及为什么要这样做。其二是提供各类学习活动的模板，你可以应用它们调动培训气氛，帮助学习者自然地掌握认知策略，将他们的参与程度最大化。请记住，学习者做得越多，学到的就越多。态度积极的学习者如果能够参加有意义的、激励性的、与绩效目标挂钩的活动，就能达到最佳的学习和记忆效果。

4 种主要培训方法

我们经常听到这种说法："萝卜青菜，各有所爱。"从更广义的范围而言，我们这里介绍的 4 种主要培训方法是针对不同类型的学习者的。对同一类型的学习者，也许 4 种方法都适合，但是，需要针对他学习某项知识或技能的不同阶段分别采用不同的方法。我们将分析每一种培训方法并告诉你如何适当地对它们加以应用。

这 4 种主要的培训方法分别是：接受式培训、指导式培训、引导式培训、探索式培训。许多专门研究学习过程的人会对培训方法有自己的一套分类和命名方式。我们使用的这套分类和命名方式是由鲁斯·克拉克（Ruth Clark）提出的。

接受式培训

这类培训属于"灌输"模式，本质上讲，它把学习者的大脑视作容器，可以随意把优质、完整、有营养的信息灌输进去。使用这种方法的危险之处在于，学习者可能无法把听到和看到的信息转化为有用的技能和知识。

但是，接受式培训也具备一定的价值，它可以让学习者基本了解所学内容。如果运用得当并添加一些趣味元素，它可以提高学习者接受和学习新知识的积极性，让他们自愿进行更多的探索活动。对于知识足够丰富的博学型学习者，也许仅使用这种方式就足以让他们找到新旧知识间的联系并对新知识加以运用。采用此类方式的培训，信息只能单向流动，学习者掌握的控制权很少甚至没有，除了专心听讲、走神或者做白日梦，别无选择。

遗憾的是，很多所谓的培训本质都是接受式培训，下面是我们在一家极具进取性的、世界知名的高科技公司的亲身体验。

一个由高学历人员（博士）组成的工程师团队刚刚完成了针对某个操作系统的综合性测试，他们的任务是培训世界各地的工程师，使他们有能力对这个新近研发出来的先进操作系统提供技术支持并解决相关难题。该团队采用的培训方法是：将目标受众集合在一起，进行为期5天的学习，发给他们每人一本手册（大约1200页），然后告诉他们新操作系统的情况，包括它有何不同，开发团队曾经遇到过什么样的挑战、他们是如何克服这些困难的、他们有哪些疏漏之处等。当我们询问他们是否打算让参加培训的工程师进行解决问题的练习时，他们惊呆了——他们根本没有想到这一步。

目标受众是将来要负责解决系统问题的工程师，难道不应该让他们在培训中进行相关练习吗？接受式培训固然可以发挥有限的作用，将一些趣闻告诉学习者，培养他们的热情，但是很快大家都会淡忘所听到的内容。对于接受式培训，我们的原则是保守而谨慎地使用这种方法，能不用尽量不用，除非课程较短，而且需要引起人们的注意。

这里强调一个关于认知、意识提升的问题。认知或意识是学习过程的最初阶段。除非结果是戏剧性的，否则认知对于行为的改变是微乎其微的。吸烟者意识到吸烟的危害了吗？这强烈影响他吸烟的选择了吗？我们意识到世界的饥饿问题了吗？如果意识到了，我们会改变哪些行为呢？没有专门的行为改变，意识起不到任何作用。

我们关心的是已经在进行的意识课程，企业可能会认为其已经实现了一些价值。几乎没有证据可以证明，意识到十字路口是危险事故多发地就可以减少危险行为和交通事故率。仅意识到安全危害不足以减少危害安全的行为。在接受式培训的范围内，这些课程数量整体在下降，除了制造了已经取得某些价值的错觉外，它什么价值也没有。

指导式培训

该方法与美国陆军步兵常用的口号“Follow me”异曲同工。顾名思义，指导式培训就是以指令为主，培训师分析需要学习的知识和技能，让学习者做到你希望他们做到的事情。创建明确的、符合测试内容的绩效目标（详见第 9 章），然后把知识点或单元组织起来，指导学习者按部就班地从头学起。学习者几乎没有控制权，但是，与接受式培训不同，学习者能够在培训师预先设定的路线上参与到培训中。

指导式培训特别适合相关经验很少的学习者，他们需要培训师的帮助，从而培养能力和自信，在工作中可以按照学到的方法应用新知识。下面是一些需要学习者完成的任务，他们在这些方面属于新手，在你认为需要采取指导式培训的项目前打钩。

☐ 1. 学习使用新设备。

☐ 2. 解决复杂设备出现的问题。

☐ 3. 进行会计计算。

☐ 4. 审计一家小企业。

☐ 5. 审核客户是否具备贷款条件。

☐ 6. 根据客户的特点，为其推荐一种账户类型。

☐ 7. 回应一系列客户投诉。

☐ 8. 用 HTML 创建一个基本的网页。

参看我们的推荐答案之前，读者可以畅所欲言，积极发表自己的看法，根据学习者的特质和知识深度决定采用何种培训方法。我们假设学习者是新手，那么第1、第3、第5、第6、第8项比较适合指导式培训，特别是在刚开始学习这些内容的时候。我们的理由是：第1、第3、第5、第6、第8项任务相对简单，操作步骤变化很少，内容简单易懂。我们认为第2项和第4项需要采用比指导式培训更有广度和深度的培训方法（学习初始阶段除外）。对于第7项，我们觉得单纯的指导远不能让学习者有能力处理各式各样的客户投诉，因此还需要其他培训方法的帮助，下面我们就来看一下其他方法。

引导式培训

采用该类方法的培训，学习者和培训师都拥有控制权，基本以案例为基础。学习者可以迅速投入到案例、场景或问题中。也许在开始时需要给他们讲解一些注意事项，但是大部分情况下他们都会以自己的方式展开学习。学习者可能会查阅各种信息资源或者寻找辅助工具，包括纸质材料和电子资料等。学习者必须自己发现应该如何去做及何时去做，同时需要找到合适的信息和工具帮助自己完成任务。培训师负责为其提供线索、提示、建议、纠正性的反馈，还要充当顾问并随时询问任务进展。培训师需要提供多少指导和帮助，取决于学习者的技能和知识水平。

对于知识较少、不够独立或者不够自信的学习者，培训师不妨多提供指导。学习者能力越强、知识越丰富，他越能独立发挥作用。在这种情况下，培训师的任务是确认、询问进展、略做指正、提供备选方案及奖励。当学习者的能力和自信都达到很高水平时，他们就做好了采用下一种培训方式的准备。

探索式培训

应用此种方法，需要为学习者提供信息化的学习环境，培训师绝对不能干预他们，学习者完全掌握控制权，他们知道需要什么、应该寻找什么才能解决问题，从而帮助自己进入下一个学习阶段。通常，只设定总体目标（常由学习者自己决定）。理想的探索式培训需要有大型信息数据库和知识管理系统的支持。对于一般水平的课题，举办一个研讨班，备齐所有工具、材料和手册即可完成任务。培训师可以监控整个过程并提供反馈或支持，还应询问进展情况。从本质上讲，在探索式学习中，培训师对学习者而言，是一种“学习资源”。

利用今天网络所提供给我们的信息，独立、信息灵通的学习者可以加入探索式学习中。例如，我们鼓励你选择一些你想要学习的东西（例如，如何玩曲棍球、皂石雕刻、做蛋奶酥）并在网络上搜索。你会注意到能够帮助你获得新技术和知识的学习资源的速度是多么快。我们随意选择的主题就有铺天盖地的可用资源，从一步步地介绍到视频教程，再到训练技巧，全世界的人都可以帮助你并与你交谈。这对于想要将这些资源运用到创造各类课程中的培训师来讲，既非同寻常又令人兴奋。

4 种培训方法的融合

随着学习者控制权的获得及培训难度的增加，上述 4 类培训方法可以进行自然过渡。表 8-1 总结了这些培训方法的关键点。

表 8-1 培训的 4 种方式

培训方式	主要作用	学习者控制度	学习者特点（假设）	缺陷
接受式	◇让学习者了解知识 ◇传达信息 ◇提高积极性	◇除了可以在得到许可后提问和回答之外，控制度几乎为零 ◇学习者可以选择听或不听	◇学习者非常积极 ◇所学内容新颖、复杂或者抽象，而且学习者具备足够的基础知识 ◇仅靠讲述课程就能达到传递信息和记忆的目的	◇学习者没有控制权，可能感觉非常被动 ◇如果学习者本人不积极或者认为内容不重要，就不会听课 ◇学习者记下的内容很少 ◇给人造成培训就是灌输的误解
指导式	◇针对初步学习活动提供强大、理性的学习路线，以及足够的反馈 ◇迅速为学习者夯实基础知识，提升技能水平 ◇建立最初的能力和自信 ◇可预测学习结果	◇很少 ◇学习路线是预先定好的，但可能会根据学习进程采用备选路线	◇学习者不必有积极的态度 ◇知识背景可以很少 ◇学习者可以有元认知缺陷 ◇学习者缺乏自己控制学习的动力或自信 ◇学习者知道自己能够完全按照培训所述的方法运用所学技能和知识	◇可能会使个性独立的学习者选择不听课 ◇只提供单一（或者可选范围狭窄）的做事方法 ◇不鼓励探索或创新 ◇限制了水平较高的学习者
引导式	◇鼓励学习者在正确的方向上采取主动措施 ◇以案例为基础，鼓励学习者分析和解决问题，不断提高问题的真实度 ◇促进技能和知识的转化 ◇在鼓励独立学习的同时提供安全保护 ◇是指导式培训的下一步选择	◇较大，取决于引导的多少	◇自信，愿意参与发现的过程 ◇具备一定的相关基础知识 ◇有良好的元认知能力 ◇学习态度积极，喜欢接受引导并反馈	◇可能给不够自信的学习者带来压力或疑惑 ◇对于独立的学习者来说，限制依然太多 ◇比起接受式和指导式，学习者可能需要花更多学习时间 ◇与指导式相比，学习结果难以预测
探索式	◇创造自我主导的学习环境 ◇给学习者足够的自由来控制学习进程 ◇满足各种个人化的学习需要	◇学习者自由决定学习目的、使用资源，并对学习路线进行探索	◇学习者态度积极 ◇丰富的知识背景或较强的元认知 ◇知道自己需要什么及如何满足自身需要	◇学习者可能失去目标 ◇学习者可能浪费时间 ◇对某些性格的学习者来说并不合适 ◇学习者可能学不到必要的知识或可能得出不恰当的结论 ◇难以控制和预测学习结果

下面我们对 4 种培训方法进行总结：

- √ 它们在培训中各有作用。接受式培训法是最常用的，但应该尽量少用，因为交互式培训——信息双向传送才能取得更好的效果。
- √ 指导式培训赋予培训师最大的控制权，其副作用是削弱了学习者的主动性，限制其发挥空间和潜力。
- √ 引导式培训是一种出色而均衡的培训方法，能够鼓励学习者在正确方向上发挥主观能动性，通常学习效果比较理想，但难以预测，所需时间可能更多。
- √ 探索式培训对于专业性和能力都较强的学习者非常有效。这种学习更加个性化和私人化，然而，它需要足够的资源支持，削弱了培训师的控制权，无法预测是否取得特定结果。

我们的建议是尽量不使用接受式培训，多考虑使用其余三种，将培训方法与学习者和培训师的需要结合起来。总而言之，要保持积极的培训气氛。

本章下面的内容将提供一些活跃培训气氛的学习活动，适用于所有课程、模块或者指导性的单元内容，特别适合替代接受式培训，不过也可以与其他三种方法结合使用。

25 项可用的培训活动

本章的这部分更像是“剧本”。到目前为止，我们已经探讨了学习者如何处理信息、培训成人、将培训课程结构化（五步模型）、有效学习所需的心智技巧和认知策略，以及 4 种主要培训方法。所有这些内容可以帮助我们更好地理解学习者，设计出更优秀的培训课程。无论是否采取面对面的现场培训形式，我们仍然需要引入一些有效的学习活动来增加培训的活力。我们相信，你能够通过这些实用有效的活动帮助学习者，把原本的知识灌输变为真正的培训。

这25项培训活动可以在各种情况下使用，我们还附上了说明和举例，你的任务就是充分发挥想象力。在活动的说明和举例后，我们为读者留出了自我发挥的空间，不妨写下你们的心得和建议。在本章结尾处，提供了一个概括要点的表格，便于读者查阅这些活动最适合在哪些培训情况下使用。

自我超越

这个简单的活动适用于在职培训。举个例子，一位培训师先向大家演示某一个工作步骤应该如何操作，然后指导大家进行练习。练习结束后，培训师让学习者参加一个名为“自我超越”的挑战，即培训师和参与者一起竞争完成相同的任务，可以通过计时或者规定其他标准（如准确性和完成率）来定胜负。通过加入这个挑战，学习更具趣味性，参与者的积极性提高了。新手甚至可以不断打破自己之前创造的纪录。

【示例】何塞在工作中学习识别危险物品及处理它们的方式。雪莉为他演示了如何使用《危险物品手册》查询信息，并在让何塞练习使用手册辨别两种物品后，提出一个挑战：“这里是五种原材料，当我说‘开始！’你就翻到手册中对应讲述如何处理这些物品的那一页。我希望你五页都找对，我会与你同时进行此挑战，看看我能否用你一半的时间完成任务。如果我做不到，你就赢了。预备，开始！”

我可以怎样应用此活动：

配对

该活动是根据经典的配对游戏改编的。在一张卡片上写下一个术语或者粘贴一幅图片，在另一张卡片上写下相应的定义或名称。在桌子上放置 15～25 对这样的卡片，洗牌后倒扣在桌上。两名参与者依次翻开两张卡片看是否配对，如果恰好成对，参与者就可以把这对卡片收起来，再玩一次；如果不成对，则让另一名参与者翻牌。桌上没有卡片时游戏结束，手中拥有卡片最多的参与者是赢家。这是个很好的二人合作活动。

【示例】弗莱德和阿方索正在参加气象学培训，因工作需要，他们希望考取航海执照。他们必须学会识别各种云所代表的气象信息，还要正确说出各种云的名称。他们面前摆放着两堆卡片，一堆是 24 张云的图片，另一堆是 24 张云的代表信息和名称的卡片。他们必须运用童年时代玩过的配对游戏的规则，根据知识把相关卡片组合在一起。所有卡片都有编号，所以可以在一张汇总表上记录卡片编号，看看哪些配对是正确的，如果出错就要扣分。

我可以怎样应用此活动：

冲突

这是一个轮流进行的角色扮演活动。把参与者分成三个小组，给每位参与者发一张卡片，上面写有一种冲突的情景，并为持有者分配一个角色（例如，销售顾问、客户、旁观者）。两名参与者模拟某个冲突情景，第三名参与者扮演旁观者。作为对手的参与者则从 5 种预先设定的选项中选出一项来解决问题，把自己的选择与其他方案进行比较，在规定时间内通过商议确定最终方案。例如，由销售顾问说服客户，与其达成共识。每一轮计时表演结束后，旁观者提供反馈。参与者轮流扮演各种角色。若干轮表演完毕后，培训师进行总结。

【示例】主管培训班的成员们正在学习如何解决工作中的纠纷，培训师伊莉莎邀请大家参与“冲突”活动，以便将他们学到的理论付诸实践。她把学习者分为六组，每组三人，先给每一组分发第一套卡片，所有小组的场景是同样的——一位经验丰富的工人和一位新手产生了纠纷和冲突。老工人希望“菜鸟”不要动他的操作手册和参考指南，新手则抱怨老工人把资料收了起来，导致她无法正确工作。请参与者根据自己的想法从 5 种可行的解决方案中选择一种，主管们必须认真思考。同时，选出一位旁观者，设计一份观察清单，记录主管们如何处理纠纷。每组表演历时 5 分钟，每次表演完后都进行简单总结。参与者轮流扮演角色。

我可以怎样应用此活动：

关键清单

培训师将参与者分成 4 个或 5 个小组，请每个小组写一张清单，列出 5 条最重要的知识点。等待 5～7 分钟，然后培训师在看板上写下一份共用清单，去掉冗余项目后，共用清单应该包含 10～15 项内容。培训师请每个小组选出最重要的项目。小组选对一项就得一分，如果其他小组也选择相同的项目，就再给第一个小组多加一分。如果几个项目得票数相当，则均为最重要的项目。培训师请各小组再选择两次，确定第二个最重要的项目，评分的依据是多少个小组选择了相同的项目。三轮过后，计算总分。培训师进行总结，把清单中小组选择次数最多的项目标注出来。

【示例】在一堂主题为客户服务的培训课上，参与者都是公交车司机，他们已经花了三个小时了解与乘客利益、公共协助、工作安全有关的各种知识、问题、政策和其他信息。培训师请参与者创建一份清单，以便根据上面的内容提高客户服务水平。他把参与者分成 5 个小组，每一组想出 5 种能够提高客户服务水平的行动，把它们集中在一起，列在一份有 10～12 项内容的共用清单中。各小组进行评分，经过三轮评选后，参与者选出三条最重要的行为并承诺在工作时采取这些行动。

我可以怎样应用此活动：

加密群组

培训师给参与者出一道题目，其中包含加密的项目——与某个特定主题有关（例如，某款汽车的优点、汽车技术的特点、对某些技术的错误理解）。使用一种简单的字母替代法为项目加密：用字母表中的某些字母代替项目中的字母（例如，e 用 j 代替，t 用 n 代替），参与者的任务是参照常用的加密规则为项目解码。

这项活动同时适用于个人和团体。

【示例】一家工厂做好了安装一套新自动设备的准备，所有相关工作人员必须参加在线培训，学习新的机械知识。为了帮助参与者进一步了解机器的特点，并消除工厂花费2亿美元进行设备改造所引起的相关误解，培训设计者使用电脑虚构了一个“间谍电影”的场景，场景中包含加密信息。学习者必须解码这些信息，然后把它们记下来，毁掉加密的文件后返回公司总部，还要回答一些相关问题。经过这番努力，参与者拯救了公司，挫败了竞争对手的阴谋。

我可以怎样应用此活动：

多米诺效应

这个游戏需要用20～30张类似多米诺骨牌的卡片。培训师制作一些卡片，在其中一面写术语，另一面写明对此术语的解释。游戏规则与多米诺骨牌的玩法相似，但参与者必须把写有解释的牌与写有对应术语的牌放在一起。

【示例】负责自动装置的工人正在参加一系列技术培训，旨在加强工人的电气、气体力学、液压系统、机器人技术方面的知识和技能。学习的难点是词汇表。幸运的是，培训小组针对难点设计了一些有吸引力的多米诺趣味游戏。在卡片正面写有术语名称，反面是其解释。参与者结成小组或者组队参加游戏。工人们发现这样做可以让学习新术语变得简单，帮助他们理解其含义。另外，游戏也非常有趣。培训团队还开发了一套电脑多米诺游戏，学习者可以和电脑比赛或真人对战。

我可以怎样应用此活动：

突击准备考试

培训师将全班分成几个学习小组，分发给每个小组一道测试题，给参与者 20 分钟准备考试，让他们使用能获得的任何资源。接下来培训师可以自行决定是否考试，因为目的在于让参与者掌握相关知识。

【示例】为了销售新车型，培训师用了一上午来增加学习者在汽车技术方面的知识，包括底盘、驾驶训练、电路、液压、刹车、悬挂系统、空气动力学等。需要学习和记忆的知识很多，另外还要进行最终测验，所以压力比较大。培训师发给每人一张印有 10 道题的考卷，宣布将全班分为几个小组，然后用 30 分钟为考试进行准备，可以自由使用他们掌握的资料和方法。30 分钟结束后，培训师收走所有培训资料，给学习者 20 分钟完成考卷，并记录下他们的分数。

我可以怎样应用此活动：

矩阵填空

培训师发给参与者一张印有 5×5 的矩阵卡片，每一列代表不同的类别，每一行则代表不同的首字母——参与者在矩阵中填入符合这些规则的关键词。如果关键词是原创的，可以多得分。这个活动很适合在学习某些特定内容（例如，电脑技术、销售术语）时使用，可以对关键词的类别进行限制。

【示例】缺乏商场管理经验的新手正在学习大量有关五金连锁商店销售的产品的知识，这对于刚毕业的学生来说确实大开眼界。半数以上的产品名称都是大多数新手闻所未闻的。培训师把全班分成4组，发给他们5×5的矩阵卡片。横行上依次印有5个字母，纵列上印有5个商场部门的名字。参与者用5分钟完成矩阵，按照每行每列的规则填写产品的名称。

如果有两个以上的参与者正确写出了某种产品，则他们分别得一分；如果只有两位参与者写出了某种产品，则这两人分别得两分；如果一人想到的产品别人都没想到，则可以得五分，以此类推。每个小组按顺时针方向传递卡片。分数前三名可以得到奖励。参与者也可以自己设计这样的矩阵进行练习。

我可以怎样应用此活动：

辩论大赛

根据培训班的规模，培训师将参与者分成6～8组。培训师从主题（例如，汽车技术、汽车型号）中选择一些有争议的问题（比如，前轮驱动是否可取、价格是不是关键的销售因素）分发给参与者。假设有6个组，培训师将3个问题发给大家，其中3个组，每组收到一个标有加号的问题，其余 3 个组，每组收到一个标有减号的问题。收到加号问题的小组持正方观点（例如，前轮驱动不仅可取，而且还是最好的技术方案），收到减号问题的小组则持反方观点，双方用 10 分钟准备 2 分钟的辩论。培训师随机选择一个论题，由两个小组进行辩论，每个小组都有 1 分钟的辩论时间，然后继续选择论题，直到所有小组都参加过辩论为止。最后，培训师总结如何运用辩论技巧支持销售工作。

【示例】12 名主管级别的高级经理人正在参加一个讨论会，目前已经是会议的第三天了。会议主持人向大家介绍了“辩论大赛”活动，与会者随机地分成 6 个组，每个小组随机抽取一个标有加号或减号的热点问题。论题涵盖国际贸易中的商业道德、公众对企业盈利的知情权、商业团体竞争等内容。持正反方论点的各小组进行准备。主持人、首席执行官、总裁旁观辩论并打分。

主持人进行总结，偶尔征询首席执行官和总裁的意见，帮助与会者得出针对热点问题的关键结论。

我可以怎样应用此活动：

真与假

发给参与者一份列有 10 个条目的清单，有些条目是真的，有些是假的，条目内容包括公认的真假命题，先请参与者判断条目的真假，然后培训师引导大家回顾和讨论每个条目。参与者每答对一条得一分，如果其他参与者都没答对，则该参与者多得一分。这一评分系统可以奖励那些答对较难问题的参与者。

【示例】因为政府督察人员对一家运输公司的相关评价较低，所以公司要求全体人员参加针对紧急情况的应对政策、流程和行动方面的培训。培训师设计了一份包含20项内容的“真与假”判断表格，并在培训开始时把它们分发给参与者，请他们自行做出判断。然后，培训师逐条分析这20项内容。课程结束时，参与者重新做一遍题目，看看他们是否领会了其中的含义。培训师对活动情况进行回顾和总结。

我可以怎样应用此活动：

解除危机

该项活动与“解除危机”（Jeopardy）这个电视问答游戏类似，参与者要回答和解决各种问题，甚至还要提出有价值的问题。该活动可以计时，也可以不断加大难度及提高评分标准。

【示例】Bytecom公司有针对性地为其“一对一互帮互助”项目设计了一些“解除危机”游戏类型的问题，以供新加入公司的技术人员使用。每位培训师手中有一份列有这些问题的指南，接受培训的新技术人员需要在工作中接受培训师的帮助。当培训师陈述某个事实或意外情况时，新手就针对这个事实提出一个相应的问题（例如，培训师说：“尽管你多次敲击键盘，但无法在电脑上打出字来。”新手则提问：“什么是‘黏滞键’？”）培训师可以在相关工作结束后或者适当的时机跟指导对象进行这样的互动。

我可以怎样应用此活动：

资料拼图

培训师将整个培训班分成几个小组，指定组长并给每个小组分发文件，每份文件各自针对某一主题的某个部分，然后请各小组成员准备好陈述他们手中的文件针对的那一部分内容。每个小组自行决定陈述风格并选择能够引起听众兴趣的方法。组长将组员的简短陈述组合成一个完整的演讲稿。培训师在活动末尾组织一次小测试，最后进行情况总结。

【示例】医务工作者们正在参加周末举行的培训课程，这是对其职业资格定期审查的要求之一。最近，与他们工作相关的法律有了较大的改动，改动的部分主要涉及病人信息保密、对某些药物和治疗的处方要求、医疗事故和财务记录方面。因为这些工作人员的性格积极活跃，为了让他们有更多参与机会，培训师把他们分成4个小组。然后给每一个小组分发了一些预先准备好的材料，让其为陈述材料中涉及的培训相关问题做好准备，陈述限时20分钟。每个小组有90分钟的准备时间，陈述主题是“相关工作的法律变更”。各小组可以使用笔记、报纸文章、幻灯片及其掌握的特别材料等准备其陈述。各小组进行陈述时，培训师适当添加评论，并在活动结束前进行测验，以巩固学习效果，最后向参与者提供反馈并做细节补充，纠正各种错误观点。

我可以怎样应用此活动：

小组测验

培训师把整个培训班分成4组，然后针对某个特定领域进行10分钟的演讲。10分钟后，每个小组必须根据演讲内容提出一个问题，并做好准备回答一个与演讲内容相关的问题，准备时间为5分钟。第一组向第二组提问，第二组的成员举手回答。第一组的组长从举手者中选一人作答，如果回答正确，第二组得5分；否则，第三组的成员可以商议后给出答案，如果正确，第三组得2分，答错不加分。接下来，第二组向第一组提问。轮流问答过后，培训师继续演讲，各小组再次进行问答。最后，各组把得分加起来，检测自己记住了多少演讲信息。

【示例】公司政策要求维护人员（进行路轨维护检修的工作者）必须每月参加一次培训，培训主题是铁路安全。每个人集中注意力的时间很短，但一旦疏忽，不安全操作引发的后果却不堪设想。培训师决定把课程分成5分钟一段的小节，每一小节介绍一些信息并举例。他把参与者分成4组，每组听课5分钟，然后设计一个相关问题，接着向位于其右侧的小组提问。如果被提问小组的成员知道答案，可以举手。提问小组的组长从举手者中挑选一人回答，并评判是否正确。如果回答错误，问题由被提问小组右侧的小组来回答。每小节结束之后，下一个小组准备问题。在准备问题期间，其他小组内部互相分享学到的内容并准备回答问题。培训师将分数记录下来，位列第一的小组可以得到奖励。

我可以怎样应用此活动：

传递游戏

参与者被分为 4～5 个小组，培训师给每个小组发一个信封，上面写有需要解决的问题。同时发给各小组几张索引卡，让各小组设计秘密徽标，并把它画在索引卡上。小组用 2～3 分钟阅读问题，确定解决方案，把它写在一张索引卡上，将卡片放入信封。然后小组之间交换信封，再次回答问题，直到索引卡用完为止。例如，假设有 5 个小组，每组得到 4 张索引卡，到第 5 轮，他们就无卡可用了。这时，小组各自打开信封，查看、评价问题的解决方案，并进行评级。如果共有 4 个解决方案，那么评级最高的解决方案得 4 分，仅次于它的方案得 3 分，以此类推。各小组提出问题并选出认为评级最高的方案，然后解释原因。最后，培训师把写有解决方案的所有卡片收集起来，根据徽标发回各个小组。各组统计自己的得分，然后确定问题的最终解决方案。

【示例】一些系统工程师正在参加关于系统问题解决方面的培训。培训师给 5 个小组各发了一个装有 4 张索引卡的信封。各组都设计了自己的徽标，把它们画在卡片上。A 组是一颗原子、B 组是一个美元符号、C 组是 777、D 组是郁金香、E 组是希腊字母 X。A 组把空信封传给 B 组，B 组给 C 组、C 组给 D 组、D 组给 E 组，E 组再给 A 组。信封上写有一个系统方面的问题，接到信封的小组把解决方法写在索引卡上放入信封。小组之间再次传递信封，重复上一个过程（不能偷看信封里别组的卡片)。如此循环直到小组接到最初收到的信封为止。培训师把各种解决方案收集在一起，请参与者进行评价和评级，最好的得 4 分，最糟的得 1 分，以此类推，并把评级结果写在索引卡背面。每个小组阐述将某个解决方案评为最佳方案的原因。最后，各小组根据徽标领回各自的卡片，计算总分。

我可以怎样应用此活动：

倾听

培训师把学员分为 4～5 个小组，每个小组负责倾听和记录某一特定主题的关键信息。然后，培训师请各小组按照顺序以总结概括的形式向大家汇报这些关键信息。

【示例】公司规定所有操作人员都应参加历时一个小时的培训，培训的内容是关于修改某些操作程序的，这些修改将于下个月生效。修改的原因是行业新近推出了报告机制，如果不遵守，则对公司罚款。培训师将参与者分为 4 组，请他们针对修改内容举例，每阐述完一处重要修改，就请各小组总结其中要点。课程最后，给大家 5 分钟，总结各自小组所负责内容的 3 个关键点，然后培训师进行概括和补充。

我可以怎样应用此活动：

错配

本练习简单而有趣，其功能是检验参与者是否在短时间内吸收了与一系列主题或产品有关的各种信息。参与者描述 4～8 个简单的场景，每个场景都由一个角色提出问题，另一个角色回答，虽然听上去有道理，但问题和答案是一对错配。参与者必须对问题和答案做出正确配对。

【示例】为了对有关处理客户投诉的培训做出总结，弗朗辛向参与者描绘了 10 个简单对话场景，其中 8 个问题和答案是错配的，参与者有 5 分钟厘清其中关系。

5 分钟结束时，弗朗辛随机抽取 10 位参与者，让他们对场景进行纠正，然后大家讨论每个人的答案，最后弗朗辛给出反馈。如果参与者更有自信，也可以引入评分机制，答对加一分，答错扣一分。如果答对比较难的问题，可以给予奖励分。

我可以怎样应用此活动：

击败对手

这是个有趣、迅速、互动性强的练习，焦点是我们的产品和竞争对手的产品比较。参与者阅读一些资料介绍（10～15 条，如“燃油效率提高了 10%”），然后选择与之相配的产品。一般会将资料排在一侧，在旁边列出我们的产品和 1～2 种竞争者的产品，如下所示：

燃油效率提高了10%。	本田	丰田	福特
	“X”	“Y”	“Z”
	□	□	□

产品介绍应该新奇有趣，以引发参与者的兴趣。该活动非常适合学习正式内容前的气氛调动和热身。

【示例】公司新近推出了一些基于创新科技的打印机产品，所以，全国各地销售代表应该立刻将我们的产品与竞争对手的产品对比。吉拉尔德设计了一个新活动，叫作“击败对手”，既可以在课堂上进行团队活动，又可用于个人练习。活动的目的是展现“闪电”系列打印机是如何打败所有竞争对手的。不过，当务之急是让销售人员了解“闪电”系列产品有哪些超越对手的优点。他对5种新产品中的每一种总结了10～15条特点，与3家顶级竞争对手进行比较。参与者分组或自我定调通过查阅产品规格表找出答案。产品介绍中的所有特点得到确认之后，培训师向参与者提供反馈并补充必要的信息，要求他们完成产品特点比较并总结表格，以便在销售时使用。

我可以怎样应用此活动：

审讯

培训师告诉参与者应该掌握哪些内容，并告知一定时间段后会进行一个小测试。参与者必须通过提问、调查等手段“强迫”培训师讲出他们需要掌握的内容。培训师只回答学员提出的特定问题，既可以采取学员个人“审讯”的方式，又可以让学员以小组为单位“审讯”培训师。小测试之前，学员可以把自己学到的内容先总结出来。

【示例】泽塔已经对公司的一些新进的“高潜能”管理型员工进行了一周多的培训，还剩一周时间他们就要开始在管理岗位实习。泽塔喜欢与这些乐观而有抱负的年轻人共事，他们总会给她带来挑战。现在到了泽塔挑战他们的时候了。泽塔走进教室，宣布一个小时之后将进行一次计分测试，测试主题是“南亚市场的特点及其文化特色”，她告诉学员可以通过向她提问了解更多的测验内容以便进行准备。她会如实回答，但不会透露考题。学员不妨尽可能地“榨取”她的信息。

起先，几个学员试探性地提出一些问题，泽塔清晰坦率地逐一回答。几分钟后，每个人都发动了攻势，开始接二连三地提问，有些问题泽塔回答得很详细，有些则含糊其词。这一个小时之中，有关南亚市场情况的“审讯”气氛逐渐达到白热化。测试的时候，每一位学员都能毫不费力地作答。他们向培训师证明了自己能够主动出击得到需要的东西。

我可以怎样应用此活动：

记者招待会

培训师模拟记者招待会的环境，参与者分组扮演向“专家”提问的记者。培训师告诉大家记者招待会的主题（通常为 3～4 个），参与者围绕这些主题设计各种问题，把问题写在不同颜色的索引卡上，一张卡片写一个问题，卡片颜色与特定主题相对应。培训师将学员分组，每一组针对一个主题提问。各小组用 15 分钟准备问题。每个小组有 7 分钟向专家疯狂发起提问，同时进行记录。在所有小组问完了所有问题之后，他们用 5～7 分钟整理自己的笔记，列出要点以供“新闻发布”使用，然后轮流大声读出这些要点，培训师在一旁评论。由于做了大量工作，参与者们会感觉是自己在控制整个学习过程，但是，实际上很多内容还需要培训师来补充。

【示例】在一个研究游戏与学习关系的研讨班上，哈尔把“记者招待会”的 4 个主题告诉学员：判定在学习中使用游戏的时机、设计游戏、进行游戏、总结游戏。参与者围绕每个主题准备问题，把每个问题各写在一张索引卡上，索引卡颜色包括绿色、黄色、蓝色和粉色。5 分钟后，哈尔把卡片收走，暗中放入他自己准备的 12 个问题。4 个小组各自分到若干张围绕其中一个主题提问的索引卡。学员扮演“记者”，哈尔扮演“专家”，给每个小组 7 分钟提问、听取回答和做记录。“记者”小组可以随时打断“专家”的回答并提出下一个问题。4 个小组都提问完之后，用 20 分钟写出一页篇幅的“新闻发布”要点，然后大声朗读出来。哈尔在各组朗读过程中发表评论，然后把这些内容收集起来，把复印件发给每一位参与者。整个“记者招待会”历时 90 分钟。

我可以怎样应用此活动：

问答游戏

进行半天到一天的培训之后，培训师发给参与者一些纸，请他们复习全部的课程笔记和学习材料，然后找出值得记住的一个关键点，该关键点应该具有重要性和特殊性。每位参与者自己设计一个问题，并准备好答案，答案便是找出的关键点，然后只把问题写在纸上，不写答案和姓名。培训师把所有问题收上去，然后打乱顺序分发到学员手中。学员阅读手中的问题后作答（开卷或闭卷的形式均可）。接着大家讨论这些答案并进行总结。如果某个答案不完整或不正确，培训师会向大家征求补充和纠正意见。答错的学员有一次机会纠正和补充其他人的不正确或不完整回答。最后由培训师总结整个活动。

【示例】下午的培训课上，艾哈迈德给 12 名学员分发了索引卡，请大家复习上午学过的产品知识并找出其中最重要的、值得记住的关键点，把这个关键点作为“答案”，然后学员分别根据这个答案设计一个问题，把问题写在一张索引卡上（不标注姓名）。翻开自己的笔记时，玛丽卡看到了一行字：RX500 是唯一同时兼容 PC 和苹果机的高速双面打印机，无须任何硬件转换即可使用。她在索引卡上写道：“同时兼容 PC 和苹果机的高速双面打印机是哪一种？需要进行硬件转换吗？”艾哈迈德收集大家写有问题的索引卡，然后随机发给每人一张。参与者研究发到手中的问题并思考如何回答。艾哈迈德每次随机指定一位参与者读出自己拿到的问题并回答。如有必要，艾哈迈德会进行补充。大家都认为这种复习方法很有效，虽然刚刚吃过午饭，但没有人感到困倦。

我可以怎样应用此活动：

敏捷游戏

培训师制作一套针对某方面知识的索引卡，每张卡片上印有一个术语或者一幅图片。

将参与者分成小组，每组3～5人，各组分别持有一套卡片。每组选一个人洗牌并将卡片发给每位成员。参与者把自己的卡片倒扣在桌上，不要去看。培训师说出一个与学习内容有关的主题（例如，“抵押贷款”），每位参与者按照顺时针顺序迅速翻开自己堆在最上面的卡片。如果卡片上的内容与该主题相关，就拍一下卡片，由最先拍对卡片的参与者把这张卡片正面向上放在自己的卡片旁边；最先拍错卡片的参与者把卡片正面向下放在一旁。游戏迅速进行，直到所有的卡片都用完。拍对一张卡片加一分，拍错一张减一分。

【示例】新来的员工通过对超市环境的适应，学到了很多东西，虽然有很多内容需要学员掌握，但沙基尔让学习过程充满乐趣。他拿出一套卡片，将其分发给6位学员，每人得到15张。每张卡片上写有一件超市中出售的产品——史密斯奶奶牌苹果、金宝汤牌汤料、神奇面包牌三明治面包、达能牌酸奶等。沙基尔的学员来自生产、美容与健康、奶制品、肉类和熟食部门。他这样介绍这个游戏：“我会说出一个部门名称，比如‘奶制品’，那么从伊萨克开始，你们每人从卡片中间抽出一张，如果卡片上写有‘黄油’或者‘浓度2%的牛奶’等奶制品内容，你们就拍一下这张卡片，动作最快的人算赢，可以把这张卡片正面朝上放在一旁，同时得到一分。如果你拍错了卡片，那么就把这张卡片正面朝下放在一旁，扣掉一分。我会在各个部门之间随意切换，不会事先提醒你们，所以反应一定要快。得分最高的人就是胜利者。”

我可以怎样应用此活动：

技术挑战

培训师把学员分成两组，小组成员轮流扮演顾客和销售顾问。在 99 秒内，顾客向销售顾问提出有关技术和产品的问题，销售顾问回答尽可能多的问题，但不能超时。顾客把答案记录在一张问题清单上。每轮问答结束时，参与者对换角色，重复上述过程（提出和回答新的有关技术和产品的问题）。本活动非常适合复习某个领域的知识。

【示例】各地的销售人员参加完培训后返回工作岗位。作为团队领导者，多丽丝希望确保团队成员取得了良好的学习效果，使他们有能力回答顾客提出的有关产品、价格、付款、问题处理、发货和服务方面的各种问题。她坐在新员工杰里米旁边，拿出一张写有顾客常会提出的问题的清单，请杰里米在 99 秒内回答尽可能多的问题。然后，她和杰里米互换角色，杰里米扮演顾客向她提问。最后两人比较谁回答的问题更多、更准确。多丽丝告诉杰里米，速度和准确性是产品销售的关键。接着，她又去找艾丽卡进行这个活动。

我可以怎样应用此活动：

标记术语

本活动是基于宾果游戏改编的。培训师给参与者讲解包含新术语的技术信息，然后，发给每位参与者一张宾果游戏那样的纸牌，上面随机列出一些术语。每块纸牌上术语的排列情况都不同。培训师从一顶帽子里取出术语的定义，大声念出来，参与者在与定义对应的术语上放一个硬币或者做个记号。最先在五个排成一行（水平、垂直或对角线）的术语上做标记者赢得比赛。如果术语很多，则最先把所有术语做上标记的学员胜出。

【示例】为电子设备装配主板这个工作需要兼具精准和速度。身为培训师，法姆意识到，很多新员工会把不同部件的名称混淆，特别是那些母语非英语的人。所以，法姆在电脑上设计了一套宾果游戏用的纸牌，每张牌上都有个5×5的矩阵，还有电子部件的图片（例如，CPU、SIMM、DIMM、BIOS、FAN）。法姆邀请员工们一起玩宾果游戏。他从一顶帽子里取出一张写有电子部件名称的纸牌，然后参与者在纸牌上相应的电子部件图片上放一个小标志物，以此来加深他们对这些部件的印象。法姆决定下次活动的时候用真正的部件来做这个游戏，请参与者先说出部件的名称再找到对应的图片。

我可以怎样应用此活动：

优势争辩

培训师把参与者分成几组，每组3～4人。各组中一半的组员扮演竞争对手的销售人员，另一半扮演本公司的销售人员。培训师随机抽出一组竞争对手的销售人员和一组本公司的销售人员进行比赛。每轮开始前，培训师挑出一项本公司产品的特点或功能，让本公司的销售人员用 15 秒描述该特点或功能有何优点，竞争对手的销售人员则用 30 秒进行反驳。

【示例】主持每月举行的医药销售代表培训的营销经理马克把 12 位销售代表分成 4 组，每组 3 人。他让每两组组成一对，前两组扮演竞争对手的销售人员，另两组扮演本公司的销售人员。每轮从两个小组中选出相对应的四个人参加比赛。马克说出产品的某项特点（例如，“副作用”），本公司的销售人员必须用 15 秒证明公司的产品在该方面具有优势，竞争对手的销售人员则用 30 秒进行反驳。最后由马克与其他小组成员做出评论。

我可以怎样应用此活动：

网格挑战

用二维网格的横轴和纵轴代表某个给定物品的两方面特点（例如，一条轴表示音响设备的款式，另一条轴表示扩音系统类型、喇叭、价格或主要竞争点等）。参与者把产品名称放在符合描述的位置，然后和正确的网格对照比较自己的答案。

【示例】拥有动感音效的音响设备是音响商场的高端产品，店方认为专业的销售人员应该对所有的产品了如指掌，因此，他们设立了基于网络的学习模块，以供销售人员在闲暇时间了解和学习。模块中提供的活动之一是“网格挑战”：屏幕上显示有很多网格，其中包含很多产品，纵轴是产品介绍，横轴是产品规格。销售人员可以点击和移动屏幕上的网格块进行填空，电脑会给出综合评分，每个月商场会邀请分数最高者参加在线挑战赛赢取奖品。

我可以怎样应用此活动：

活动总结

我们刚刚向你介绍了25项可以用于提高各种培训和学习效果的活动。你或许已经考虑好怎样在自己的培训中应用这些活动。这25项活动均符合本书提出的五步模型，而且可以作为一个整体或者分成几个部分使用，以便实现某个绩效目标。请注意，所有的活动都需要学习者积极主动地参与，它们有助于学习者和培训师以及学习者之间进行有意义的互动。不妨把这些活动结合起来设计一个非常有活力的培训课程，从而避免接受式的知识灌输。学习者在发现和探索式学习中可以综合使用这些活动。现在它们是你的了，请根据自己的情况和意愿随意使用。

表8-2总结了上述活动的细节，列出哪些情况适合选用哪些活动。但是，请不要被表格中的“×”标记所限制，你要超越这个简单的表格，在培训中发挥创造精神，充分发挥这些活动的作用。

表 8-2 培训活动和使用环境建议

活 动	培训师为主导的大型学习群体	培训师为主导的小规模学习群体	个人学习	同事间互助学习	工作中在职学习
自我超越					×
配对				×	
冲突		×			
关键清单	×				
加密群组		×			
多米诺效应		×		×	
突击准备考试	×	×		×	
矩阵填空	×	×		×	
辩论大赛	×				
真与假	×				
解除危机					×
资料拼图	×				
小组测验	×				
传递游戏	×				×
倾听	×				
错配	×				×
击败对手	×				×
审讯	×				×
记者招待会	×				×
问答游戏	×				
敏捷游戏		×			
技术挑战				×	×
标记术语	×				
优势争辩	×	×	×		
网格挑战			×	×	

活动篇闭环

我们试图在本章鼓励你思考如何在自己的组织中使用这些活动，或者如何帮助你的同事们采用或改编它们。

我们用一个公式总结所有上述活动：教学—鼓励—释放。所有学习活动的目的，不外乎利用各种有效方法使学习者掌握知识和技能，即“教学”；然后，你应该鼓励学习者多加实践，即“鼓励”；最后，当学习者有能力自己尝试的时候，就来到了“释放”（但不是放弃）阶段。我们提供的某些活动非常适合在教学阶段使用（例如，记者招待会、审讯、倾听）；大部分活动都对鼓励阶段中学习者自己尝试，培训师提供适当指导有帮助（例如，冲突、配对、标记术语）；少部分活动适用于释放阶段（例如，网格挑战、问答游戏、辩论大赛）。随着学习者能力和自信的提高，你会逐渐发现哪些活动最适合他们，让整个培训过程随着学习者的改变而推进。

请记住

你希望自己设计培训活动吗？请比较下面各个句子括号中的两个词或短语，划掉不正确的。如果可以在不参考正确答案的前提下回答正确，就可以前进到下一章。

1. 接受式培训通常是（单向灌输 / 交互式）。

2. 认知培训通常（会 / 不会）导致学习者显著的行为改变。

3. 指导式培训是为了满足学习者对（预先设定好的学习路线 / 探索和发现的空间）的要求。

4. 引导式培训给学习者提供（一个完全自由的学习环境 / 线索、鼓励、建议和纠正性反馈）。

5. 探索式培训特别适合具备（较少的基础知识和不成熟的元认知能力 / 一定的基础知识和成熟的元认知能力）的学习者。

6. 本章描述的学习活动（能 / 不能）适用于技术性培训。

7. 本章描述的学习活动（能 / 不能）被经验相对较少的培训师轻松使用。

8. 本章描述的大部分培训适用于（任何 / 特殊）的学习内容。

9. 培训从业人员可以发现应用于成人的培训与学习资源的网络是（好的 / 不好的）。

10. 适用于任何类型、数量的学习者，以及任何类型学习的简单学习公式是（说你想说的—说出来—说你说过的 / 教学—鼓励—释放）。

下面是我们的回答：

1. 接受式培训通常是单向灌输。我们建议尽量不要使用这种方法，它属于灌输，而不是真正的培训。

2. 认知培训通常不会导致学习者显著的行为改变。认知培训的目标不是产生特有的、可验证的行为结果。它可以被看作是学习者改变行为的先驱。

3. 指导式培训是为了满足学习者对预先设定好的学习路线的要求。该方法在学习的初级阶段非常有用，可以帮助学习者建立基本的能力和自信，适合元认知能力有限的学习者。

4. 引导式培训给学习者提供线索、鼓励、建议和纠正性反馈。它在鼓励学习者独立发现的同时，为其提供支持性保护。

5. 探索式培训特别适合具备一定的基础知识和成熟的元认知能力的学习者。它给学习者提供了信息丰富的环境，以便找到他们需要的东西从而提高学习效果。

6. 本章描述的学习活动能适用于技术性培训。可以把这些活动综合起来设计出网络培训课程、“仿真教室”或按部就班的自学项目。这要求培训师具备一定的想象力、设计技巧并对技术有一定的了解。

7. 本章描述的学习活动能被经验相对较少的培训师轻松使用。如前面的表 8-2 所示，同事间可以使用这些活动在工作中互助学习。我们曾经针对家长办了一个研讨班，20 位参与者设计和尝试了 60 多种针对儿童的学习活动，都是基于本章介绍的活动进行设计的。

8. 本章描述的大部分培训适用于任何的学习内容。我们曾把这些活动改编后用于治愈牛呼吸道疾病的兽医的培训、指导对修理感兴趣的青少年修理电话，甚至培训军事人员操作雷达。

9. 培训从业人员可以发现应用于成人的培训与学习资源的网络是好的。很多资源都是免费的，并且有大量资源可供开发和选择。

10. 适用于任何类型、数量的学习者，以及任何类型学习的简单学习公式是教学—鼓励—释放。“说你想说的—说出来—说你说过的”是“告诉他们你想说的—告诉他们—告诉他们你说过的”的变体，这描述了典型的接受式培训，其实这是灌输而不是真正的培训。

现在，提出一个关键问题。你培训他们，但是他们学了吗？一些企业很害怕检验学习成果。这一点可以理解，因为他们不想要制造恐慌和对培训产生负面感受。尽管如此，检验学习者是否从你的教授中获得了必要的技术或知识，需要以考试的形式测试吗？下一章将会解释这个问题。

CHAPTER 9

第 9 章　测试与考试的区别

本章要点

- √ 测试的重要性和益处
- √ 测试与考试的区别
- √ 何谓标准参照测试
- √ 测试方式选择与创新的工作辅助

让我们来教你一个数学小窍门，叫作“快速平方”。虽然这个方法有很大的局限性，但是足以让你在朋友和家人面前炫耀一番，让他们目瞪口呆。它的特点是，你不必精通数学就能做到，唯一的前提条件是你能够熟练运用小学时代学习的乘法表。

学会这个方法，你可以迅速算出任何两位数中个位数为 5 的数字的平方，换言之，在不到 10 秒内，你就能算出这些式子的答案：15^2 或 15×15；25^2 或 25×25；35^2 或 35×35……一直到 95^2 或 95×95。不相信吗？我们来试试。

35 的平方是多少？答案是 1225。

我们用了4秒算出来，你是否很吃惊？如果按照常规方法计算的话，可能需要15～45秒，我们为什么能算得这么快？请看：

把35^2分成3和5^2

5的平方是25，所以得到了3和25

3乘以（3+1），即3×4=12

35^2的结果是1225

再举一例：

计算65^2

把它分成6和5^2

5的平方是25，所以得到了6和25

6乘以（6+1），即6×7=42

65^2的结果是4225，你不妨计算65×65检验一下

现在你来试试看，计算45^2并填空：

计算45^2

将它分成______和______

______的平方是______，所以得到了______和______

4乘以（4+______），即4×______=______

答案是______

答案：

将它分成4和5^2；

5的平方是25，所以得到了4和25；
4乘以（4+1），即4×5=20；
答案是2025。

关键是将位于十位上的数字（如4）加上1，然后与它本身相乘（如4×5=20），然后作为千位和百位放在25前面（如2025）。

我们来看看你学会了没有，请以最快的速度算出15^2，把答案写在下面：

你的回答：

答案：
225。

请再试试看：25^2、75^2、95^2，给自己计时，规定时间是30秒，开始！

25^2 =______　　　75^2 =______　　95^2 =______

答案：
$25^2=625$；$75^2=5625$；$95^2=9025$。

如果你在30秒内全部答对，恭喜你！如果你回答每一道题的时间不超过10秒，非常好！如果你全部答对，但用时超过30秒，那么还要多练习。如果你算错了，可以再看看计算步骤，重新试一下，一定能学会的。我们还没有遇到过最后不成功的学习者。

为什么要教给你这个小窍门

你可能会问，为什么我们会在本章开端教给你这个小窍门。首先，我们希望教给你一些东西（阐明逻辑依据和绩效目标）；然后，引导你完成几个练习；最后，我们请你参加一个测试，你害怕测试吗？你难道不觉得做几道题，检验一下自己是否学会是很自然的事情吗？

当我们为学习者提供培训时，无论培训采取何种形式，如面对面培训或通过书本、网络或者视频，我们总会加入测试。请回想一下刚才学习“快速平方”的过程，在下列你认为适当的选项前面打钩。

□（1）这三道测试题让我有压力。

□（2）面对这三道题，我觉得很自在。

□（3）测试帮助我检验自己是否学会了。

□（4）测试帮助我练习和记忆。

□（5）测试帮助我找到我在学习中的疏漏。

□（6）测试和反馈是有用的。

□（7）30 秒？我用的时间少得多！

□（8）我为自己的成功感到高兴。我能做到！

我们曾经请很多成年学习者从与上面类似的选项中选择，下面是我们得到的结果。

（1）大约 20% 的学习者会感到有压力，在某些学习群组中，感到有压力的人数比例会达到 30%～40%。但是，他们表示压力并不是全部来自测试本身，而是“测试”这个词让他们不寒而栗。

（2）60%～70% 的学习者对这种类型的测试应付自如，很多人甚至察觉不到这是一种测试。

（3）几乎所有的学习者都会觉得这种测试有帮助、有压力或者有其他体会，测试给人的感觉就像更有挑战性，甚至是刺激性的练习。

（4）几乎所有的成人都发现这种测试方法能帮助他们记得更久。

（5）如果学习者在测试中出了错，他们非常愿意接受反馈并重试一次。实际上，在某些情况下，学习者承认他们是通过测试和反馈真正弄懂问题的。

（6）这重申了我们刚才所说的，测试和反馈可以巩固和促进学习。

（7）虽然设定了 30 秒的时间限制，但我们深知，大部分学习者不用 30 秒就能完成。这样做可以让他们觉得"我打破了最高纪录"，从而提高了学习积极性。请注意，测试的时候一定要谨慎。设定的时间限制一定要合理才能既真实可信又能让学习者得到更多的自信。

（8）实现成功对于大部分学习者来说都是一种令人愉快的感受。他们克服曾经认为是很难的挑战，他们付出努力所取得的成功给了他们内在的回报。学习者因为自己所学的知识而感到更加自信和富有能力，并且很有可能将它们带回到工作中。这可能不是培训的结果，而是一种成就感，得到有价值的认可的成就感。

通过对"快速平方"这个小课程的总结，我们得出以下关于测试问题的要点：

（1）测试是学习过程的自然组成部分之一，帮助学习者和培训师确认培训的绩效目标是否达到、是否有疏漏之处，以及是否需要纠正性的反馈。

（2）没有必要对测试感到紧张，但有时它确实令人紧张（我们会在下一部分"测试与考试"中详述）。

（3）测试是有效的教学方式，让学习者有机会通过具有挑战性的形式检验自己的学习成果。培训师可以把更多的主动权交给学习者，学习者是测试的主导，请记住，学习者做得越多，学到的就越多。

（4）需要在测试后提供反馈，既可以确认学习目标的完成情况，又可以对学习者在测试中的行为加以纠正。

（5）因为测试要求学习者积极参加，所以培训师应该经常使用测试。有意义的参与能够巩固理解和记忆。

不过，凡事总有例外，测试有时会让成年学习者害怕，特别是那些在学生时代并不擅长应对测试的人。任何与测试类似的活动（甚至一个简单的带评分和计时的练习）都会给他们带来紧张感以致降低积极性，这是由不愉快的过往经历引发的习得反应。我们将在下一部分详述。

测试与考试

在学校里，你或许每周都要参加测试，学期的最后还要参加期末考试。在法庭上，辩护律师总是通过各种测试和检验来探查案情的薄弱环节。实际上，“考试”这个概念几乎成了“恐怖”的代名词，无怪乎那么多人都会害怕考试，他们常会觉得考试似乎不是在检验自己的技能和知识，而是对其本人进行检验，仿佛他们的自我价值也被摆到台面上接受检验和质疑。对某些人来说，“你考得不好！”和“你是个失败者！”这两句话似乎没有实质性的区别。然而，不仅是不擅长考试的人有这种想法，就算精通考试的人也会产生紧张感。

我们不希望夸大其词，我们也不是心理医师，我们只是观察到很多人把测试这种自然、积极、教育性的活动视作畏途，使测试无法发挥其应有的作用。我们认为，测试是检验学习者是否达成预先设定的目标的工具。如果目标已经实现，学习者会得到培训师的认可——“回答正确”“你做到了”“分数很高”。如果学习者没有实现目标，那么可以把测试看作一次寻找不足之处，得到支持性和帮助性反馈的机会，多次测试直到学习者达成绩效目标为止。

减少测试恐惧的一个办法是使用像“学习检查”或者“实践练习”这样的词。尽管这听起来像委婉语，但不使用“考试”这个词的确可以减少紧张感。我们不妨从培训的基本含义出发来看待它。我们培训员工的目的是让他们可以按照组织的要求做事情。培训不是一种结果，而是组织通过培养员工的技能和知识从而实现绩效目标的途径。我们的培训应该简单、自然、直接，根据学习者和组织期望他们取得的成果来进行设计。

为了实现上述目标，我们先对学习者进行分析，确定他们目前的技能和知识水平，然后确定培训的理想目标，将培训设计为把学习者从“此岸”带到“彼岸”的途径。我们的绩效目标是沿路的里程碑，测试就是根据绩效目标设立的“检查站”，这种培训常被称为“标准参照培训”，即按照对成功工作的标准定义进行的指导。其中的测试被称为“标准参照测试”，是确保学习者的表现符合绩效目标的自然途径。

如果培训的对象是熟食柜台的工作人员，目的是教会他们切出断面光滑、大小相等的面包圈，那么测试内容就是让他们切面包圈。如果他们有所疏漏（如面包圈不一样大或者断面粗糙），则培训师应该把这些情况反馈给他们，并重新测试，直到他们操作正确为止。

假设下面是成年学习者必须实现的目标，你将怎样对其进行标准参照测试？请逐条思考一下，设计一个符合绩效目标的完美测试项目，把内容写在每一条目标下面的方框中。

√ 假设系统为 ABC，第一次尝试就能在 30 秒内打开客户文件。

√ 遇到火灾，选择适当的灭火步骤。

√ 说出加拿大各省首府的名称，然后把各首府与其所在的省配对，不能出错。

√ 从一些骨骼中辨认出股骨。

举这四个例子的目的是加强你对“标准参照测试”的理解，它是指完全按照绩效目标的要求设定的测试。我们将对标准参照测试详加分析。

表 9-1 是我们的测试建议，请阅读并学习如何将你的想法与我们的建议相结合，在第三栏选择你对我们建议的回应。

表 9-1 与绩效目标相关的测试建议

绩效目标	测试建议	你的回应
假设系统为 ABC，第一次尝试就能在 30 秒内打开客户文件	绩效测试：告诉学习者一位客户的名字，让其与 ABC 系统互动从而打开客户文件。检验学习者的操作正确性、时效性和尝试的次数	□ 我也是这么想的 □ 与我的想法相似，但并非完全吻合 □ 我希望自己也能这么想 □ 我根本没有头绪
遇到火灾，选择适当的灭火步骤	记忆测试：展示不同类型的火灾（例如，电、煤气、易燃液体等引起的火灾）。请学习者从记忆中选择一种灭火方式（不是让学习者真的灭火，仅是选一种灭火方式）。评判其选择是否正确	□ 我也是这么想的 □ 与我的想法相似，但并非完全吻合 □ 我希望自己也能这么想 □ 我根本没有头绪

（续）

绩效目标	测试建议	你的回应
说出加拿大各省首府的名称，然后把各首府与其所在的省配对，不能出错	记忆测试：请学习者根据记忆背诵各省及其首府的名称，评判是否正确	□ 我也是这么想的 □ 与我的想法相似，但并非完全吻合 □ 我希望自己也能这么想 □ 我根本没有头绪
从一些骨骼中辨认出股骨	认知测试：展示各种骨骼，请学习者找出股骨	□ 我也是这么想的 □ 与我的想法相似，但并非完全吻合 □ 我希望自己也能这么想 □ 我根本没有头绪

请注意，检验学习者是否实现绩效目标的测试，并不一定是考试，它们通常表现为练习、自我检查、小组挑战或者常规测试的形式。在正式情况下，这种测试可以变为考试。测试的关键是检验学习者是否达成绩效目标。

在学习环境中，测试过程应尽量自然，避免造成可能影响学习者的表现和成绩的压力。如果需要考试，我们建议你先让学习者多做测试练习，使其用自信代替紧张。除非参加考试是工作的一部分，否则要关注学习者应该做的而不是测试本身的结果。

我们根据经验举个例子来阐明上述观点。

情景举例：我在铁路工作

所有参与列车操作的铁路工作人员必须每3年参加一次资质培训。因工作需要，他们必须参加9种不同科目的考试，考试范围是火车操作的各个方面，如检查空气动力刹车、火车调度、判读信号，以及在不同天气状况和轨道状况下应遵守的行车规则等。如果他们不能通过全部课程，即通过率不到85%，就无法更新执照，不能上岗。

显然，接近考试这段时间学习者的压力很大。而对于铁路部门而言，使用合格的工作人员也是关键。

我们接手这项工作时，发现之前的考试大部分是以内容为中心，而非以绩效为基础，更接近于阅读测试，与真正的能力资质测试相差尚远。我们与管理层、行业联盟和政府方面的主考官合作，修订了考试内容，使其更接近铁路工作人员的真实工作情况。我们把所有考试科目分成多项主要的工作任务，围绕明确定义的绩效目标设计了很多与这些任务相关的练习，将练习与测试相结合，从而使培训时间大大缩短，考试通过率却大为提高。最值得骄傲的是，铁路工作人员发现完成测试更简单了，尽管内容更多地以工作应用为主，并且试题数量增加了 30%。

如果在学习者资质考试结束 3 个月后，再用原来的试题重新测验，很多人仍达不到 85% 的通过率。如果在资质考试结束后 3 个月，甚至 6 个月后，使用修订后的考题测验，90% 以上的人都能达到 85% 的通过率，甚至更高。就像一位老铁路工作人员说的那样："以前，我痛恨考试，它害得我很多天睡不着觉。有了新的考试方法，我觉得考试就像是平常做练习一样，一点都不紧张！"

怎样设计测试

这一部分将详细叙述如何设计高效的测试。我们强烈推荐你花时间认真研究这一部分，原因有三个。

第一，将帮助你选择和设计有效的测试。

第二，提供了很多辅助工具，帮你节省时间；提供相关指南，让你做得更好。

第三，我们回顾了大量资料并将精华部分总结出来，让你不必花费大量时间就能掌握要点。

从何开始设计测试

设计测试应该从你的目标出发。在培训规划的五步模型中，你已经确定了总体目标和特定目标。针对每个特定目标，分别设计一个测试项目。假设你准备培训配送中心的员工如何操作一种特殊的叉车，有两个前提条件：他们必须拥有有效驾驶执照，必须通过安全规章测试笔试。假设第一个特定目标是检查车况，给你一台 XYZ 型的叉车，你应该能够检查机械情况、安全状态和准备情况，不得出现错误和遗漏。

我们回顾第 4 章所学的知识，请确认上述内容是陈述性知识（谈论、命名、解释）还是程序性知识（行动、做、演示）。

☐ 陈述性知识

☐ 程序性知识

正确答案是程序性知识。学习者必须做一件事——检查叉车并确定其状态。

图 9-1 将帮助你确定使用何种类型的测试来检验叉车操作培训的效果。因为它与程序性知识有关，所以你应该看图的右半部分——“隐蔽的程序？”即这种程序是你观察不到的，比如心算。如果是隐蔽的程序，则应该根据指示让学习者参加笔试或口试，以书面或口头的形式告诉你他们做了什么。这是唯一能够确认其操作是否正确的方式。但是叉车检查并不是隐蔽的程序，所以你可以设计绩效测试。为了判断学习者的表现，我们从图 9-1 中列出的判断工具中选择一种来使用。

绩效测试和判断工具

绩效测试是指用来判断学习者是否能按照绩效目标的规定来操作的练习。假设绩效目标是“切出两块断面光滑、大小相等的面包圈，同时不要伤害到你自己或任何人”，下面哪一项是恰当的绩效测试？

□ A. 这里有一个面包圈、一把刀、一个垫板，请切出两块断面光滑、大小相等的面包圈，同时不要伤害到你自己或任何人。

□ B. 请描述如何“切出两块断面光滑、大小相等的面包圈，同时不要伤害到你自己或任何人”。

□ C. 这里是一个切好的面包圈，告诉我它是否符合标准并说明理由。

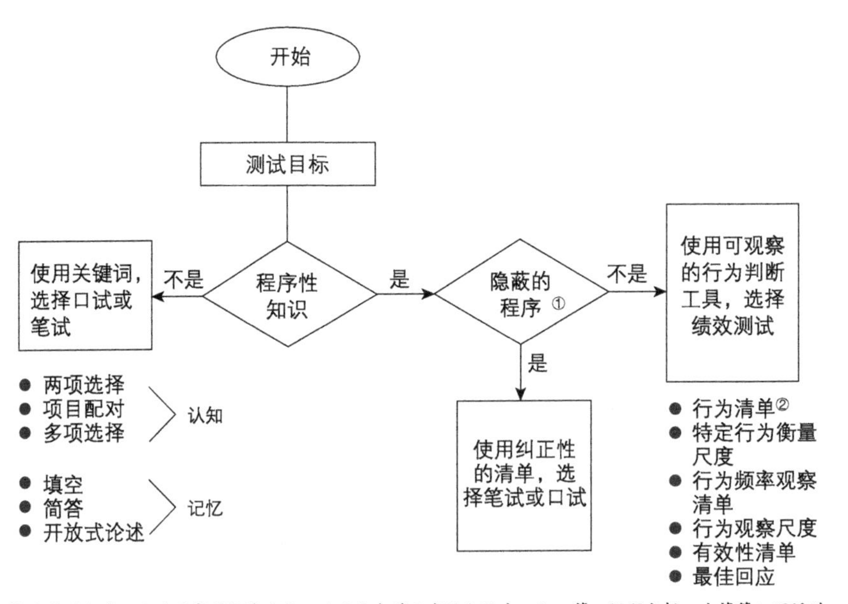

图 9-1 测试类型选择辅助工具

正确答案是 A，它符合实际操作的特点和要求。如果因为安全、成本、资源或其他现实原因，你无法让学习者实际操作，可以利用模拟实验或者模拟装置进行模拟。如果模拟不够真实，则要使用与真实物品和背景相似的道具重新测试。

现实是测试一个人是否达到表现目标的可靠手段。问题是：如果有危险（当你还不会的时候就开装载机和降落飞机），实战测试就是灾难性的。在大多数情况下这并不是问题（就像从数据库调出一份资料和切百吉饼）。尽管如此，当危险存在或者实战测试不符合实际时（如培训测试中的机车空气制动机），那么模拟就是下一个最好的选择。

什么是模拟？基本上，它是现实或虚拟系统的动态且简易的表现。它是基于现实情况的模式。动态表现可以让学习者熟练掌握系统要素。假设你培训工人们如何为飞机起落架的液压系统排除故障，让他们带来或固定一架真的飞机是不现实的。因此，我们就创造了一个像真飞机一样的模拟器，它拥有飞机所有的相关部件。这个模拟器（一个动态的、简易的现实版起落架的代表）受训者可以用以操控和练习，处理不同的故障情况，在排除故障的同时得到了测试。当然，转移到现实飞机上的液压系统学习也是必不可少的。当面对现实情况时，可能还需要一些额外的学习活动或支持。显然，确定受训者已经掌握了工作技能还需要更多的测试。

我们在这里描述的是一个高仿真的模拟系统，它看上去接近于实物。这样的模拟器（设备）可以适用于更多的模拟活动（现实事件、方案以及行动）。高仿真的模拟系统和模拟活动虽然有效但花费也高。因此，我们可能需要退一步来创造一个低仿真的模拟系统。这虽然与现实情况不够接近了，但仍旧比纸上谈兵要好。如果还想从这个模拟类型再退一步，那我们就只能求助于情景学习练习了。注意，我们离现实世界越来越远了。尽管如此，情景课程还是比纸上谈兵要好，情景的测试也比仅仅是程序化的测试更有效。

我们总是想要尽量接近现实工作情况。我们设计从高仿真到低仿真再到情景的测试都是出于对危险、花费、资源限制、时间，以及其他影响学习与实践的现实因素的考虑。

关于模拟还要记住将“心理仿真”转移到工作中。几乎在所有案例中，相比于主题的论述，模拟和情景给学习者的心理感受还是要现实得多，甚至有时一个低仿真的模拟比真实的体验有更真实的心理感受。我们见过手工制造的三维硬纸板模型惟妙惟肖地展现了人体器官以及传染病是如何传播并感染村民的，这种表现形式有时比塑料的、几近完美的实体展示还要真实得多。

考虑到将学到的知识再次应用到现实生活中，模拟比讲课和其他形式的非参与性课程更加有效果。尽管如此，模拟越现实，将学到的知识应用到现实生活中就越容易。通常，引导、练习和支持都是必要的。即便是最真实的生理和心理模拟，某些形式的转换也是需要的。不断接近现实的练习和测试有助于巩固学习效果，使工作成功。

创造测试

没有真正的办法能够测试程序化的知识，除非学习者们在现实中、模拟中或通过情景将其表现出来。仅靠说是远远不够的，教练们能够谈论成功的体育比赛而他们却不可能将其表演给大家。

绩效测试分为两部分，一部分内容由你来设计，用来测试学习者是否完成绩效目标；另一部分则是判断工具，它帮助记录每个学习者的表现，同时也是提供反馈的有效工具。表 9-2 是绩效测试判断工具的清单，包括工具类型、优点和不足，我们需要根据实际情况选择一种来使用。

表 9-2　绩效测试判断工具清单

工具类型	优　点	不　足
行为清单：列有各种行为的清单，以便观察学习者在测试中的表现	◇ 易于开发拓展 ◇ 易于培训观察 ◇ 清单项目简单明确 ◇ 对学习者提供集中的反馈	◇ 限制了对行为质量的评价，特别是高级别的行为能力 ◇ 当可以接受的行为种类很多时，该工具便不适用 ◇ 如果设计不当，会受观察者的主观因素影响判断
特定行为衡量尺度：一系列的特定行为及其相应的衡量尺度。按照行为能力水平高低进行分级	◇ 针对不同学习者的行为提供不同的行为能力标准 ◇ 降低观察者的主观影响 ◇ 对观察者的训练较为容易 ◇ 在学习过程中为学习者提供反馈	◇ 清单创建时间较长 ◇ 如果学习者的行为不在清单范围内，便失去用处 ◇ 比较难使用 ◇ 有一定的主观性
行为频率观察清单：观察某个行为频率以及相关和不相关行为频率的清单依据	◇ 产生很多数据，集中体现某种特定行为是否存在 ◇ 即使学习者没有完成特定任务，也可以用它进行判断 ◇ 可在学习过程中为学习者提供反馈	◇ 无法衡量学习者的进步程度 ◇ 需要对观察者进行一定的训练
行为观察尺度：观察者可以据此判断某个行为的适当性。学习者学会了一些适用于特定条件的特定行为之后，用该工具来检验学习者采取的行为是否与特定情况适应	◇ 便于创建	◇ 结果取决于观察者判断行为适当性的能力
有效性清单：允许观察者自行决定学习者行为是否有效。专注于行为的结果判断的是行为的效果而不是行为本身	◇ 有效性判断标准的可靠性很高，因为专注于结果 ◇ 易于培训观察 ◇ 给学习者提供其表现成绩的反馈而不是学习过程中行为的反馈	◇ 不注意学习者的实际行为 ◇ 不注重结果是如何得到的 ◇ 无法衡量为了实现结果所付出的成本

（续）

工具类型	优　点	不　足
最佳回应：允许将若干个可接受的回应或解决方案选为最佳选择	◇ 使良好、更好、最好的回应或解决方案都能得到认可 ◇ 将回应或解决方案根据可接受性的程度排序并评级	◇ 无法衡量学习者的进步程度 ◇ 需要对观察者进行一定的训练

再回来看叉车的例子，绩效目标是：给你一台 XYZ 型的叉车，你应该能够检查机械情况、安全状态和准备情况，不得出现错误和遗漏。恰当的测试方式之一是：对 XYZ 型叉车进行全面检查，确认机械情况、安全状态和准备情况，不得出现错误和遗漏。

你会选择哪一种绩效测试判断工具？如果有必要请参看前面的表 9-2，写下你的答案：

我们建议选择行为清单，因为我们觉得检查叉车的过程包含一系列的动作或行为，学习者可能做到也可能做不到（例如，确认丢失的部件、检查胎压等）。无论是否使用行为清单进行对照，在反馈的时候都会特别提到这些动作。

在大约 75% 的情况中，行为清单是很有用的工具，使用起来简单方便。其次就是特定行为衡量尺度，行为清单检查是否做到了某种行为，特定行为衡量尺度用以判断该行为的力度。

表 9-3 的切面包圈的行为清单与特定行为衡量尺度进行了对比。如果仅测试面包圈切割的表现，行为清单已经足够。如果要测试客户服务、判断、销售，以及其他不容易明确定义的行为，行为需要进行量化，则

特定行为衡量尺度可能是更为合适的测试模型。无论任何情况，除了使用这些工具，还要进行观察和评论。

表 9-3　两种测试判断工具的比较

行为清单			特定行为衡量尺度					
	是	否		出色	很好	良好	一般	不可接受
切面包圈	☐	☐	切面包圈	☐	☐	☐	☐	☐
平均分为两半	☐	☐	平均分为两半	☐	☐	☐	☐	☐
切面光滑	☐	☐	切面光滑	☐	☐	☐	☐	☐
没受伤	☐	☐	没受伤	☐	☐	☐	☐	☐

笔试与口试

仍以叉车为例，假设其中一个绩效目标是说出叉车表盘上各个仪表的名称并解释其用法，请看前面的图 9-1，对照绩效目标，判断是否需要程序性知识。

☐ 是　　　　　☐ 否

命名和解释需要陈述性知识（谈论），所以答案肯定是“否”。为了测试这一绩效目标，我们可能要借助口试或者笔试的形式，并设立一个标准答案。如你所见，口试和笔试的类型很多，如从两项中选择一项、项目配对（将 A 栏中的项目与 B 栏配对）和多项选择等。下面是一个例子：

“℃”在欧洲温度计数中代表：

A. 摄氏度

B. 色温度

C. 中欧温度

D. 离心度

在这里，学习者只需“认出”正确答案即可——比回想出正确答案简单得多。对于记忆型的绩效目标，你可以设立一个填空题（例如，“℃”在欧洲温度计数中代表________）或者简答题（例如，“℃”在欧洲温度计数中代表什么？），再拓展一下，你甚至可以创造一个开放式论述题（阐释“℃”在欧洲温度计数中代表什么，与华氏度相比，这种计数方式的主要优点是什么？）。在表 9-4 中，我们对每种口试和笔试方式进行了简单介绍，罗列了一些主要优点和不足。

表 9-4 口试和笔试的类型、优点和不足

测试项目类型	优　点	不　足
两项中选择一项	◇ 便于使用人工、光学扫描或电脑等方式批改答案 ◇ 测试要求易于理解	◇ 回答范围仅限于两项 ◇ 测试设计者必须对学习内容相当精通 ◇ 如果不了解学习内容，也有 50% 的可能性猜对答案
项目配对	◇ 便于设计 ◇ 便于批改 ◇ 可以同时测试很多项 ◇ 特别适合包含配对要求的内容	◇ 仅限于针对包含配对要求的内容 ◇ 只能用于测试难度水平低的目标 ◇ 回答时可以猜测
多项选择	◇ 便于采用人工或机械批改方式 ◇ 可以加入迷惑选项，如在正确选项中加入接近正确的选项 ◇ 可以迅速地测试大量内容	◇ 主要限于基于事实的问题 ◇ 没有说明和解释的空间 ◇ 想要设计出出色的问题，对出题人能力水平和时间的要求较高 ◇ 需要良好的阅读技巧
填空	◇ 限定正确回答的范围；便于根据标准答案进行人工或电脑批改 ◇ 消除主观性 ◇ 适合包含几个有限正确答案的测试	◇ 不适合“为什么”和“怎么做”类型的问题 ◇ 问题本身可能含有答案 ◇ 手写的答案难以用机器批改
简答	◇ 便于设计 ◇ 便于批改 ◇ 便于在培训过程中使用	◇ 对回答的深度有所限制 ◇ 比起多项选择、两项选一项和项目配对来说批改时间长 ◇ 可能导致答案的多元化

（续）

测试项目类型	优　点	不　足
开放式论述	◇ 便于设计 ◇ 允许学习者自由发挥 ◇ 适合“为什么”和“怎么做”类型的问题	◇ 判断和反馈时加入大量的主观因素 ◇ 批改麻烦 ◇ 对多元化答案容许度高

我们已经确定，让学习者说出叉车仪表盘上各个仪表的名称并解释其用法的测试，使用口试（或笔试）比较适合，请从下面选择一种你可能使用的测试方法，可以多项选择。

☐ 两项中选择一项　　☐ 填空

☐ 项目配对　　☐ 简答

☐ 多项选择　　☐ 开放式论述

因为绩效目标要求学习者回忆而不是认知，所以我们选择简答的形式。我们的问题是“说出叉车仪表盘上各个仪表的名称并解释其用法”，标准答案包括仪表的名称、位置和用法。

下面提供一些针对笔试的指导（无论你设计了何种类型的试题）：

√ 总是以课程目标为指导，测试项目必须与目标完美结合。

√ 以几个简单的问题开始，以便消除学习者的紧张。

√ 问题表述中避免使用否定式和双重否定。

√ 问题及答案必须准确无疑义。

√ 不要从学习手册中复制问题，如果这样做，你测试的就不是学习者的理解力而是记忆力。

√ 确保测试问题中不包含对其他问题的提示。

√ 避免出现学习者通过猜测就有可能答对的问题。

√ 测试的内容较多，或者包含一系列目标时，不妨把同一类型的问题（如两项中选择一项、多项选择）集中在一起，以便简化考试内容，减轻学习者的负担。

√ 对于复杂的问题，提供例题作为参考。

√ 为培训师提供详细的说明，包括考试时间和所需资料、答案表和批改指南。

√ 如果有必要，在正式考试之前测试考试内容。

检验测试的有效性

设计测试的目的是检验学习者是否能够达到目标要求。在培训的某些特殊阶段，你可能针对每一个目标设计了若干个测试问题，而且在培训最后设计了期末考试。

如何才能确保测试问题符合标准并能发挥效用呢（即符合正式测试的目标要求）？我们在表 9-5 中为你提供了检验测试项目的工具。

表 9-5 检验测试项目的工具

对照下列内容对测试项目进行评判（无论采用口试、笔试或者绩效测试），每个测试问题都要依次按照下列项目检验一遍。		
	是	否
1. 测试问题是否与绩效目标要求的标准符合？	□	□
2. 学习者的表现能否在测试问题中得到检验？	□	□
3. 所选择的问题形式是否为最适合检验绩效目标的形式？	□	□
4. 是否为问题设定了标准答案、批改清单或者判断工具？	□	□
5. 学习者是否掌握了所有允许用来帮助回答问题的资源？	□	□
即使五个问题中只出现了一个“否”，测试问题也不符合使用标准，应该重新设计直到通过以上五个问题为止。		

请记住

根据本书的定位，我们经常在每章结束时附上一些两项中选择一项或项目配对的练习。你已经注意到，我们这样做是为了帮读者巩固章节中的一些关键要点，而不是检验读者学得怎样。本书的主旨不是授课，而是希望与你分享我们的经验和研究成果，通过练习帮你记住书中要点。所以，我们仍然要在本章的最后附上一些练习，请划掉下面句子括号中不正确的词语。

1. “测试”这个词（经常 / 很少）给那些学生时代缺乏考试成功经验的学习者带来紧张和压力。

2. 总体来说，（成绩低 / 成绩高 / 不仅成绩低而且成绩高）的学习者会产生测试焦虑。

3. 测试（是 / 不是）学习的自然组成部分。

4. 测试是一种（很好 / 很糟）的教学方式。

5. 成功测试的关键是向学习者提供（评分 / 反馈）。

6. 测试应该（出现在整个培训过程中 / 只在培训结束时进行）。

7. 标准参照培训与（课程内容 / 成功完成工作任务的要求）密切相关。

8. 测试问题的出发点是（绩效目标 / 课程内容）。

9. 在模拟测试中，学习者面临（现实或虚拟系统的动态表现 / 结合现实和虚拟系统的抽象概念）。

10. 对于程序性知识，应采用（笔试或口试 / 绩效）测试。

11. 对于陈述性知识，应采用（笔试或口试 / 表现）测试。

12. 85^2 等于（7225/4225）。

下面是我们的答案：

1. “测试”这个词经常给那些学生时代缺乏考试成功经验的学习者带来紧张和压力。对于擅长考试但缺乏自信的学习者来说也同样如此。针对成年学习者，我们应尽量少用“测试、考试、评价、衡量”这类词，用“练习、自我检验、游戏”等词取而代之。

2. 总体来说，成绩高和成绩低的学习者都会感到测试焦虑，那些对测试极为紧张的人总是比那些不太紧张的人表现差很多。尽管如此，紧张程度大幅提升的学习者和表现差的学习者人群是重合的，因此在测试中他们的分数也是相对平时较低的。

3. 测试是学习的自然组成部分。测试是一种检验。既然学到了东西，你一定希望知道自己学得怎样。然而，当测试成为评判一个人的工具时，它也成为阻碍学习和打击学习者积极性的因素。

4. 测试是一种很好的教学方式，关键在于使测试有趣且具有挑战性、没有压力，从而在精神上鼓励学习者并加强记忆。

5. 成功测试的关键是向学习者提供反馈。如果学习者做出了回应，那么他就对反馈产生了一定的期待。无论给学习者的反馈是纠正性的还是确认性的，它们都是有意义的，都能促进学习。

6. 测试应该出现在整个培训过程中。应该经常测试学习者是否达到绩效目标的要求，用反馈弥补其不足之处，预防各种问题。测试还能巩固知识。

7. 标准参照培训与成功完成工作任务的要求密切相关。“以学习者为中心，以绩效为基础”的培训目标帮助成年学习者胜任工作。标准参照培训的主旨是全部学习者完全达到绩效目标的要求。

8. 测试问题的出发点是绩效目标。本章一直在强调的是如何将测试内容与绩效目标统一起来。

9. 在模拟测试中，学习者面临现实或虚拟系统的动态表现。模拟是现实或虚拟环境动态和简易的表现。每个系统的存在就像太阳系，或者就像《爱丽丝梦游仙境》里的仙境那样。这个模拟反射出环境，学习者们要应用其中的要素来尝试和解决问题。

10. 对于程序性知识，应采用绩效测试，还要使用表现判断工具。对于隐蔽的程序性知识，使用纠正性的清单来判断学习者的心智行为过程。

11. 对于陈述性知识，应采用笔试或口试测试，确定标准答案。这样做可以让学习者有机会展示和谈论其掌握的知识。

12. 85^2 等于 7225。我们只想让你练习一下，你能在 10 秒内算出来吗？

从第 1 章读到现在，你已经深入了解了学习者的想法，知道如何将培训结构化，如何借助策略加强学习效果，如何通过各种活动提高和巩固学习者的积极性、技能和知识。而且，你学会了如何测试，从而使学习者达到绩效目标的要求，在工作中表现出色。

我们现在来介绍一个新的维度，继续构建你作为一个培训从业人员的专业知识体系。下一部分是两个内容丰富的章节，介绍科技与培训和学习。美国大约三分之一的企业会使用某些电脑驱动的科技开展在线培训。科技一直是培训与学习的一部分。在 1913 年，托马斯·爱迪生就因电影技术的应用预言了教室的消失。

下一部分将会介绍科技手段在培训世界的应用。其目的是用信息来武装你，如何更好地运用一系列的科技奇迹来帮助、满足学习者的需要，以及了解开发新型的、有诱惑力的科技时的一些警告。

| 第四部分 |

用科技手段培训和学习

CHAPTER 10

第 10 章 培训与科技手段[一]

本章要点

√ 科技手段与学习——自古以来就是合作伙伴
√ 将科技手段纳入培训，你真正的期望是什么?
√ 炒作与承诺 vs 现实
√ 卷入科技争端前未雨绸缪并提出疑问

从拇指和食指发现对方的那天起，人类和科技就已经被联系在一起了。自古以来，人类不仅寻找制造工具的方法，也运用科技产品来展现他们自己的世界、观点和信仰——木炭、动物血液、植物染料、矿物颜料成为表达观点、解释问题和增加有限词汇量的重要工具。除了洞穴墙壁上的艺术呈现外，早期人类还采用音乐、舞蹈和服装来增加他们想要表达的东西的直接性和现实性。他们利用这些手段来提高兴奋度，甚至控制快乐、悲伤、气愤或恐惧的情绪。服装、模拟武器、空间组织和像烟雾、

[一] 本书的第 10 章和第 11 章是与马克 · J. 罗森伯格（Marc J. Rosenberg）共同撰写的。我们感谢他贡献出的专业知识，这帮助了读者在本书中理解培训与学习中运用科技手段的含义。

火焰这样的自然元素，以及作为情绪促进剂的化学物质，如仙人掌、蘑菇和酒等都有助于扩大信息的影响力。

因此，为了促进交流和学习，从早期这些媒介和科技手段的使用，到今天照片、电影、电视、电脑、3D 技术和虚拟现实技术的使用并不是一个巨大的跳跃。

科技手段运用于教学的做法也由来已久，在第二次世界大战期间大规模盛行，所谓的“教学影片”被用于教授从个人卫生到武器养护的所有知识。从 20 世纪 40 年代到越南战争期间，无数的部队服役人员都看过教学影片，其中一些是由好莱坞的工作室制作的。现在，部队是运用科技手段学习的最高级学习者之一。

美国社会也获益于对媒体教学的早期利用。从 20 世纪 50 年代到今天，部队采用科技手段学习的案例也被应用于社区、公共学校，以及高等教育中。从幻灯片到电影再到电视最终到电脑，教育界成为用科技手段教学的下一个大客户。学龄前儿童也没能避免在学习中运用科技手段，“芝麻街”[㊀]成为美国媒体教育史上最成功的案例之一。

从 20 世纪 70 年代到 20 世纪 90 年代，企业也开始在学习中采用科技手段。以电脑为基础的培训很快就紧随以影像为基础的培训而来。以网络为基础的培训已经成为绝大多数商业企业和包括一些小型企业在内的企业学习策略中有重大意义的部分。现在，大多数运用科技手段的现代学习方法都与被普遍称为“在线学习”的范畴结合起来了。

㊀ 芝麻街于 1969 年 11 月 10 日在美国的国家教育电视台（美国公共电视台的前身）首次播出。它是迄今为止获得艾美奖奖项最多的一个儿童节目。这个节目综合运用了木偶、动画和真人表演等各种表现手法向儿童教授基础阅读、算术、颜色分辨、字母和数字等基本知识，有时还教一些基本的生活常识，例如，怎样安全过马路、讲卫生的重要性等。——译者注

科技手段陪伴着今天的学生（明天的员工）长大。他们很享受科技带来的便捷学习方式。因此，问题不是“我们是否应该运用科技手段去教学”，而是“我们应该如何好好利用科技手段”。

科技手段是什么，对学习的作用是什么

科技手段有两个主要定义。一个着重于工艺和工具——从制作矛头的火石碎片到传递信息的电脑、卫星，另一个指的是科学、有组织的知识的应用——人体工程学、经济学和医学。两者都有一个唯一的目标——解决现实问题。当涉及学习时，现实问题就是如何提高效率以及培训的效果。换言之，如何实现低价、快速和真正好用。

让我们来更深入地探究一下这个问题。你想要成为一个有“效率”又有“效果”的培训人员。这两个词是什么意思呢？找到与它们相匹配的定义：

______效率　　A. 实现渴望的成就；达到完成目标的程度。

______效果　　B. 付出最少的能量达成最大的目的；有用工作与能量耗费之间的比率。

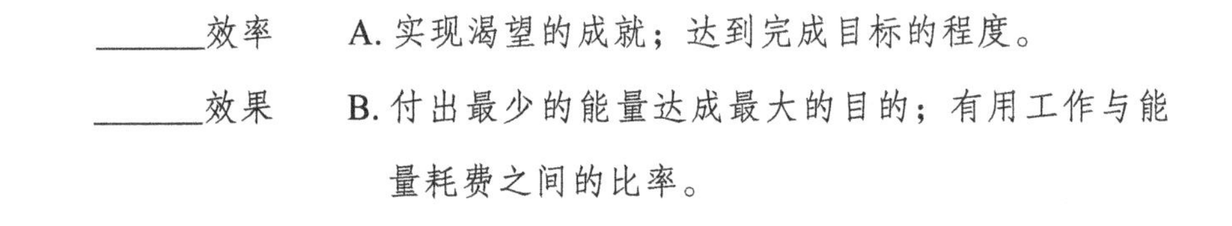

当提及培训的“效率”时，衡量尺度是既快速又低价；当提及培训的“效果”时，衡量尺度是学习目标的实现程度。

理想 vs 现实

理想的目标是将效率和效果结合，生成一个体系："快"，就是减少设计、发展、推广、使用、更新和记录学习效果的时间；"低价"，就是减少与培训相关的花费，包括减少印刷、运输、租赁教室、受训者行程、培训师工资以及减少工作时间（提升生产率）；"好用"，通过提供有力的培训来实现有价值的学习和提高工作中的表现。理想就是用低花费来快速地实现好的学习成果。

在追逐理想时，现实因素总是使人不安。现实中总是把事情搞糟。在职场中，时间和预算压力迫使我们专注于组织、实施、推广培训的速度。衡量成功的关键标准就变成了我们的开发速度、费用多少以及我们从培训渠道输出的人数。在衡量我们所培训的人员学习后的表现（他们是否有预期的表现并且能够在工作岗位中成功执行）时，我们遭遇了严重挫败。

我们可以将很多原因归咎于这个令人沮丧的现象。例如，没有前期分析来确定培训与学习是不是必要的，甚至主管没有给学习者提供准确的定位与充分的准备；缺乏工作中的支持；敌对的环境因素，如文化压力和抵触改变；缺少应用学习的工具和资源，以及根本没有或者有适得其反的应用学习动机。这样的例子数不胜数。不用多说，在推崇"效率"（使培训快速、花费低廉）的同时，"效果"（更好的业绩）已经被人们忽略。

在学习中运用科技手段，我们现实的期待是什么

超过 60 年的研究绝对能够回答这个问题：对于在学习中运用科技手段，我们现实的期待是什么？媒体和科技手段能够从实质上提高培训和学习的效率，这是极为重要的，可它们对于学习效果却几乎没有影响。尽

管如此，人们还是有所期盼。当人们获得的技术与知识是科学的，并且按技术与知识所需来运用科学手段时，科学手段就会为学习带来良好的效果。教会人们如何通过削片机制作出更好的矛头，这具有杰出的意义，在复杂数据库的导航下运用电子软硬件的培训也对学习者具有同样的意义。

除了某些情况下需要学习媒介以外，媒介并不等同于信息。相反，是设计培训的方式（而不是传达与开发学习信息的科技）产生了不同的学习效果。很久以前，程序员们怀着对一个程序员精彩编程所产生成果的尊重创造出“GIGO”这个词。GIGO（garbage in, garbage out）指的就是“无用输入，无用输出”。同样这也可以用于借助科技手段的培训中。

我们是否应该忽略科技手段

人类历史常常由于新型科技的出现而发生戏剧化的改变。描绘动物与狩猎的场景，或者运用道具与服装来表现武器与捕杀，这在史前时期就有助于人们传递生存信息、交流重要事件和关键的经验教训。可能从 15 世纪以来，影响学习与人类历史最有力的科技手段就是印刷术了。伴随着一个世纪的科技发展，造纸术（最早由中国发明，11 世纪时慢慢传入欧洲）也应运而生。这两项科技革新迅速带动知识领域发展，其爆发力之大以至于教会的强烈反对都没能抵挡这些技术的有力传播（有点像今天的互联网）。

印刷术减少了人们复制书籍和其他承载知识文件的时间。造纸术大大地降低了书写和绘画的成本，同时它们也使知识能够在普通阶层中长久地保留。这些科技手段使信息大众化并且为精英阶层的瓦解奠定了基础，因为以前只有他们能够花得起钱，拥有书面的文字。就像弗朗西斯·培根（Francis Bacon）在 1597 年发表的文章《宗教静思》（*Religious Meditation*）里所写的“知识就是力量”。印刷术和造纸术就像今天的互联网一样，作为媒介在民众中传播力量。

我们能够对科技手段有什么合理预期

科技手段能够实现效率，就像印刷术和造纸术一样。“运用科技手段学习”为学习者与知识、技巧的联系提供了史无前例的机会。尽管如此，科技手段也只是接近和互动的手段，不是触动学习的内容和方法。科技手段也从属于 GIGO 规则。

货物出门概不退换（买家请注意）

表 10-1 列出的所有利益都是“潜在的”，各种可能性都会出现。但是，售货员会站在企业的角度说出大量有误导性的话来销售，以促使人们下定决心购买。因此，买家请注意！这里提供了 10 个售货员和科技传播者们常用的承诺。这些承诺的基础往往是潜在的和一些戏剧化的案例，请注意获得奇迹般的利益对应的价格标签和所耗费的时间，记住这句老话：如果听起来好得难以置信，那么……

表 10-1　培训与学习的技术利益

利　益	解　释
可访问性	通过电脑、网络、信息库、移动存储器获得学习内容相对于过去的其他任何手段都要容易得多。人们不再需要去上课或者去图书馆。学习管理系统（LMS）使查找过程甚至简要、即时的学习模块都变得触手可及。现代化的电脑和高速的网络使学习者获得学习资料的过程不仅是即时的，而且是顺畅的，因此极大地提高了学习的积极性

（续）

利　益	解　释
即时回应与反馈	有了新技术，学习的传播速度变快了。有时，学习者提出要求的同时，程序员就能够做出基于程序设计的调整。如果学习者需要术语定义、案例或者其他帮助，这些很快就可以被纳入学习过程并且被立即发送。同样，针对学习者回应的反馈也丝毫不会延迟。反馈可以是仅仅给予证实或反对某个回应，也可以详细解释学习者的回应并提供引导来帮助学习者获得成功。这些都可以被设计进培训程序中
即时测试与反馈	在线学习和相关测试的技术一直在不断改进。今天，我们不仅可以获得并记录测试答案和成绩，还可以进行解释与编程，并根据学习者对于测试题目做出的回答来调整内容。给学习者的反馈不仅仅是适时的，也是准确的，还能够提供恰当的信息——要么是新材料，要么是复习之前提到内容的链接。在帮助学习者方面，新软件使电子传播的测试与反馈在学习中变得越来越“智慧”
信息的一致性	当一致性成为根本时，在培训师培训内容不变的情况下，给学习者提供同样的学习材料是令人渴望的。学习材料一旦被推广出去，很快就能够被传播到企业各处乃至瞬间就传遍全球。这在信息传播方面既节省了时间又节省了精力
传播迅速	让每个受训者及时得到培训，这笔花费往往是个大问题。招募足够数量的培训师并安排教学花销巨大，可能会导致严重的时间延迟。想象一下，10个培训师分批对6000名员工进行为期两天的培训，每班20人，每个培训师需要教30个班，不休息的话也要花上3个月（每月20个工作日）才能完成。再考虑到大家的日程安排和班级的满额度，这实际上可能要花上6个月。而利用科技手段培训可能需要较长的开发时间，但向6000名员工进行培训几乎可以同时进行，因此也就节省了大量时间
培训发送的同时性	继续以上的案例，6000名员工可以同时接受他们所需要的培训。尽管人们的日程安排和操作限制各异，可所有员工仍旧可以在短期内接受培训。此外，在发送学习材料时，也不用跨越国界。网络几乎不会延迟材料的传播，利于发展跨境的专业培训
轻松更新	为课程更新培训师与学习者的资料往往是一段富有挑战性又令人沮丧的经历。不考虑一个系统的设计好坏，只是替换纸张就有可能是盲目的、不完整的。运用科技的学习程序的更新、修改、传播所需要付出的时间和精力更少。发送名单上的每个人资料都会及时得到更新。在相同的培训程序中，新程序会删除、替代之前的旧程序

（续）

利 益	解 释
可重用性	除了可以重复在线学习或者接触到其他基于科技手段的课程外，这些课程中的某些部分也可以在工作中随手被重复使用和重复运行。同样的内容、说明和引导除了学习外也可以更换格式以便使用。课程中的某些部分可以被不同的学习团队提取并采用，也可以改变用途。有大量的书面材料提供可重用学习对象（RLO）和创造出这些项目的标准的信息，以便其能够以多种方式重新使用。可以为学习建立图书馆（提供内容下载或学习策略下载，例如一个可替换内容的游戏），这就节省了大量的开发时间
使用灵活性	“同步”与“异步”这两个词经常被用于网上或在线学习（但也可以被用于其他科技手段）。它们指的是在课程正式被教授期间（同步）或者他们选择上课的任何时间（异步），学习者可以自由选择参与培训与学习过程的时间。同步培训与学习的优势是有知识渊博的培训师授课，拥有一些有用但却不昂贵的资料（例如，色彩斑斓的图形、真实对象及范例）。在线研讨会（依托于网络的研讨会）的安排可以让很多在不同地方的学习者同时注册并参与活动。异步学习需要大量时间及开发费用。尽管如此，它最重要的优势是使用的灵活性。任何人在任何时间、任何地点都可以注册并开始自己的培训课程——尤其是在全球范围内使用时，这是一个很独特的优势。同步课程可以被记录下来独立供个人使用，但即便是引入互动元素来提高个性化的使用，结果也并不是那么有效。大多数企业都将同步与异步的技术相结合进行培训，这样无论是满足学习者需求还是企业约束都可以有更大的灵活性。他们也经常将基于科技手段的培训课程与现场授课、教程、辅导，甚至在职实践作业相结合，为培训创造了一种综合的方式
互动	基于科技手段的培训与学习需要学习者积极的响应，尤其是在各类形式的在线学习与模拟中。这提高了人们的注意力，也强化了记忆。这里要注意课程设计的性质。有意义的互动会极大地提升学习效果。提出疑问、解决问题，以及发人深省的活动利用电脑都是可行的，尤其是在循序渐进地介绍更具挑战性的练习时。尽管如此，你也可能会无知、枯燥、没意义地按按钮和点击课程，这些课程并不会引起学习者的注意并促使他们开始学习。科技手段为吸引和激励学习者思考、推断、存储、检索知识和技巧提供了很大的可能性。它为我们所学知识的应用提供了一个平台，关键在于科技媒介的设计中被编程的内容

（续）

利 益	解 释
适用性	一旦你开发了一门基础课程，你很快就可以将它应用于不同的学习人群、地点，满足不同的需求。如果一定要更高级和不同的例子，那么不需要费力就可以插入、替换或添加内容。同样，如果课程的某些部分与培训主题不相关，我们很容易就可以将其删除，替换成需要的内容。说明和指南也很容易改写

承诺 1：以科技手段为基础的培训可以大大节省成本

警惕那些从低端的设备、培训师，以及旅程花费中大幅节省成本的承诺。这些可能只存在于某些情况下。首先，以科技手段为基础的学习需要适当的设备，通过安全的软件、专门的技术实现交流、存储、传送，并且此设备具备教学设计能力。在它们还没有呈现出效果之前，配备这些要素的花费往往是高昂的，会抵消承诺中节省的成本，至少开始时是这样的。

这就是为什么投资在线学习最好以整个组织为范围，这样可以取得规模经济，让成本合理。任何高质量课程的课程设计时间与培训开发时间的比率都很高。例如，据估计，优质在线学习开发时间比典型的教室培训开发时间要多 4～10 倍。一些供应商每小时输出的设计与开发比率很低。我们检验一下他们的最终产品，很多只不过是一些在线图书页面，介绍很初级并且指导性也很差。为了提高质量，异步教育可能要花上几周或者几个月准备。这种时间拖延的花费必须被纳入考虑之内。

大多数低成本培训的例子都拥有数量众多的学习者。假设一个在线培训课程的开发费用是 20 万美元（这往往还不包括分期付款和基础设施维护的费用），有 5000 名员工参加培训，每个员工的花费就是 40 美元，显然非常低。但如果只有 250 名员工参加这项培训，那么费用就会升到每人 800 美元。在现场培训和线上培训这两种情况下，我们都没有考虑员工的培训时间以及错失培训机会的花费，但这两项都是决定要不要走科技培训路线的关键预算。

运用科技手段的培训能够节省花费的原因就在于它的效率。精心设计的在线学习和其他形式的自主学习都会减少现场授课中不必要的唠叨和时间浪费。基于科技手段的授课形式可以设计紧密，紧贴主旨。结果就是，一个为期五天的课程可以缩减到三天，因此学习者就可以提前两天回到工作岗位上。这就提高了员工的生产率，也是更高效的在线学习带来的主要益处之一。同时，旅途和住宿花费也会减少——这是一笔诱人的额外奖金。

尽管如此，也有必要提出一些警告。现场培训往往服务于多重目的，例如团队建设，促进日后交流的社交互动，以及分享激情与承诺，而这些在线上培训下往往无法实现。

承诺2：在线学习

应用科技手段的承办商提供的在线学习直观上很吸引人。你无须出差、随时可上课、发送信息即时，以及花费最小化。尽管如此，你必须确保你的设备能够满足学习程序的技术要求（即宽带、声卡、流媒体软件，以及存储器）。同时，你还必须拥有适当的信息技术基础设施，使进入、发送，以及支持成为可能。系统的任何延迟都会妨碍使用，因为更多的企业鼓励员工在家、在路上，甚至在旅途中都能参与在线学习，因此这也变得至关重要。这就使一种被称作“移动学习”的在线学习方式得到普及。

现在说说在线学习的最重要因素——职场环境与文化。在大多数企业中，为了能够满足要求、换班和提早完工，员工把大量的时间都花在竭力应付最重要的事情上。在有压力的情况下，尽管在线学习是高质量的、实用的、相关性高的，但也存在一个主要问题，那就是“员工究竟能不能抽出时间进行培训，他们的老板同意吗?”学习需要某种隔离和注意力的高度集中，尤其是当课程富有挑战性并且吸引人时。职场中充满了任务冲突，从人们的电话、电子邮件到不断请求得到关注、帮助、支持与问题回答，又或仅仅是“找东西”。

职场不是一个能使人们参与到任何形式化培训中的理想环境，尤其是当学习者周围满是充满活力的生命时，因此我们必须要付出巨大的努力来创造一个有益于学习的空间，使学习者不为电话和电子邮件分心，并能够得到企业领导的支持。现场授课的一个优点就是可以将学习者隔离开来，集中注意力，不受到平常工作场所的干扰。那么，在线学习中何时展现出魅力与诱惑就成为一个极其重要的考虑因素。在工作场所使学习成为可能，有时会更受到欢迎，但是必须要有与之适应的企业文化——“学习文化”。

承诺 3：更多的积极参与

承诺更多的积极参与，这绝对是一个“潜在”因素，现实情况是大多数基于科技手段的学习都大量运用页面切换形式的说明文字。学习者在屏幕上阅读，偶尔回答问题。即便是伴有音频，一般的在线学习都不过是下载那些配有沉闷乏味的声音的文字解释可视资料（也是著名的“死亡幻灯片”）。世界上所有的科技手段都不能补偿培训设计中所缺乏的真实参与。参与需要的是富有创造力的课程设计者和培训师联合知识渊博的业务专家（他们同时也了解学习者的工作）的共同协作，开发出具有参与性的培训计划。因此，要牢记“更多的积极参与”并不是在学习中采用科技手段的自然成果，而是设计以及促成它时投入的结果。交互式培训与其他任何媒介一样，需要你努力确保培训不只是一个用科技手段传播的“单向讲述”时段。

承诺4：量身定做的课程

为了能够以个性化的方式回复每位学习者，开发运用科技手段的培训可能会变得过于昂贵。正因为这样，和其他任何传播形式一样，我们需要通过分析学习者来决定在众多的学习者当中有哪些学习者的特质是适合参与培训的。然后就可以设计基于学员分析、自我评估、预备调查的互动模块，并且让系统分配合理的模块。这些都可以被分成不同阶段，从针对专业领域内容的基础技术和知识学习到高级培训。需要这些专业知识的学习者可以进入专业的模块学习所需的专业知识。量身定做是完全有可能实现的，但还是需要一些成本。一些基于简单分析或评估机制的可调节的模块组合是更具可行性的选择。

承诺5：更新更快的课程

大多数用科技手段传播的课程可能更新得更快。事实上，重新制作视频、重做练习，以及重新设计测试并得到反馈可能是很耗时的。必须有某个人或某个团队被委任更新课程或程序的任务。我们的经验是，运用科技手段的培训随时可以更新，而保持培训中信息传递的畅通往往被忽略。在所有培训中，最新的课程需要稳固的承诺以及指定的资源来促成。

承诺6：即时学习

你可能有一个很长的学习模块目录，学习者可以随时按需进入。尽管如此，可能没有说明能够帮助他们在恰当的时间做出合适的选择。如果你的企业没能确保培训系统指令与工作专业需求的良好配合，那么有人由于工作需求而试图选择即时培训时，他可能会对呈现出的培训内容很失望。对于大多数利用电脑的学习体系来说，其强大传播功能成就了有需求时的适量的即时培训。但不幸的是，如果缺少了为满足即时需求而进行的设计和开发，那么即时培训不过是套话罢了。

承诺 7：随时随地学习

这个承诺与在线学习类似。基础设施的建设必须要保证员工在任何地点都能够进入到企业的内网中。如果学习材料包含复杂的图标、动画、视频以及声音，那么宽带就是个问题。接收端的设备与终端必须要有足够的存储空间以及处理现行培训的能力。安全性可能也需要考虑。企业在对机密信息没有保护的情况下，能够真正承受随地登录吗？最后，就像在线学习一样，随地发送信息真的能鼓励学习吗？

承诺 8：内置测试

大多数现代的在线学习系统都装有测试引擎以便创建、发送并纠正测试，同时还会配备记录测试结果的机制。这是一个很大的特色，它在支持学习与记忆方面的作用就像测试本身一样会使人受益。测试开发是一项专业技术。拙劣的测试项目缺乏有效性，或者测试数据不可靠，只会使学习者感到迷惑与泄气。同时，它们也可能会为学习者提供不准确的信息，这就有可能造成对测试结果的误解，而这些结果恰恰是拙劣的测试开发者们制造出的。在利用科技手段的学习体系中，测试功能为学习者提供了一个绝佳的机会，使他们能够证明自己确实学到了东西。这种功能一定不能与现实工作中的质检设计与开发相混淆。

承诺 9：精确、最新的培训记录

精确、最新的培训记录是学习管理系统的一项绝佳的特色。它可以获得一系列的学员信息，包括每个练习中的成功数量，以及学员所花费的时间。但这也有问题，就是说得太多（过多的信息）。当培训机构充斥着太多的废话时，最终可能被淹没在细节中并且不能识别真正重要的内容。是什么构成了有意义的信息以及显著的趋势呢？就像每一个利用科技手段的学习体系所宣传的夸张的承诺一样，人们需要用判断力和能力来驾驭潜能，有技巧地运用它，不要花架子。

承诺 10：培训的可重用性

能够存储及检索到课程要件以备重新利用，这可能就极大地节省了开支以及课程设计所耗费的时间。这里有两种方式来逐步实现可重用性。一种方式比较正式，却为大多数推销者所喜爱，它需要采用一些标准来开发学习对象[⊖]，然后再根据定义好的规则把它们纳入到资源库，给每个对象所贴的标签必须要清楚，要基于明确的约定。就其本身而言，这需要培训内容的开发者掌握这些标准和惯例。基于数据库的可重用学习对象的检查与维护是至关重要的。你必须定期维护旧的内容以避免学习者打开过时的课程。可重用学习对象的管理需要由知识渊博的专业人员来进行可重用协议、内容流通，以及适当可访问性的维护。

怀着对正式方法的尊重，我们对于课程设计中的可重用学习对象系

⊖ 学习对象是任何支持学习的可重用的数字化资源，包括学习目标、元数据、内容、练习和评估五个部分。——译者注

统还有一些基本的担忧和问题。在创造一个能够被各类受众重复使用的学习对象的过程中也存在风险，每个人都有自己的学习需求，因此对象本身可能就失去了它的一个本质特点，那就是为不同的学习者小组专门提供量身定做的特色课程。

“统一化”课程导致的最终结果可能是不适合任何人。就像一块适用于所有尺寸、年龄、性别的布料，实际上，它可能对谁也不适合。优质课程设计的本质要求就是该课程必须与预期学习者完美匹配。

间隔距离或者目标的大小也是个问题。如果目标过小，那么所产生的培训就可能像个大杂烩，不一定能完美衔接，形成一个连贯的体系。如果目标过大，那么灵活性就会降低从而限制使用范围。

还有一项考虑就是语言。一个销售群体所需要的风格、词汇以及案例的类型可能与技师、客服人员或者客户所需要的截然不同。在开发一项适用于各类受众的学习对象时，我们应该采用什么样的语言呢？问题又出现了：“如果它的目标是适用于所有人，那么它真能够适合所有人吗？”

另一种方式是一种非正式途径，可重用性提供了一些即时的、省钱又省时的好处。对一个培训计划的图形、游戏框架、挑战活动、测试模板，甚至是任务分析的开发稍做调整也可以在其他培训计划上重复使用。程序指令、工作协助、产品描述、案例可能在其他培训材料及模块中也适用，即便是有完全不同的目标受众。有了科技手段的协助，所有这些都很容易从一个程序中提取及插入，有时也适用于另一程序。作为培训师，不需要任何形式的专门培训或正式协议，这种形式的可重用性就可为你所用。

总结一下，可重用性是我们长期寻求的一个目标，它可以保障所有的效率优势。尽管如此，你还是必须要决定如何将它更好地运用于你所处的学习环境中。正式方法是解决诸多长期问题的一项长期投资。而非正式途径是你今天就可以采用的，但它不会为你所拥有的培训资源系统提供始终如一的方法。

承诺、承诺、承诺

为了总结科技推销者做过的主要承诺及声明，也为了提醒你需要对它们提高警惕，我们提供了以下练习。阅读以下每位科技推销者或推崇者的承诺，并把它们与警告和质疑相搭配（见表10-2）。

表10-2 承诺与警告和质疑相搭配

我们的系统提供给你	很棒，但是
1. 节省大量的差旅费	A. 我们现有的一些培训是利用幻灯片信息（纯粹是单方面讲述）。科技手段能够让我们实现更加吸引人和更多的互动吗？它能否改变人们长期以来的培训习惯呢？
2. 在线学习	B. 我们必须要进行系统的学习者分析与任务分析来开发按照工作需求和学习者个性、背景量身定做的课程。
3. 更积极地参与	C. 在推广培训所需的技术基础设施方面，在线学习也有同样的问题。同时，我们是不是真的想让我们的学习者在任何地点进行培训呢？如何处理安全性和机密信息的问题呢？任何地点是不是都可以成为最佳的学习场所呢？
4. 量身定做的课程	D. 我们的电子设备能否应对培训推广的科技需求呢？工作场所是最好的学习环境吗？学习者们能否或者是否愿意抽出时间停下手里的工作来参与培训呢？
5. 更新更快的课程	E. 关于培训，我们到底想要记录或汇报什么样的数据呢？我们必须从系统所产生的大量数据中挑出一些适合汇报的内容，这些汇报必须对决策的做出有帮助、有意义。谁来负责这项工作？做这项工作需要哪些技巧？
6. 即时学习	F. 我们是否有技术条件能够用在线学习取代班级现场授课（例如，异步在线学习）？与推广费用相比较，课程设计的花费如何？设计与开发有效的在线学习课程所耗费的时间有多少？如何即刻更换内容？每堂课我们是否有足够多的学习者来实现收支平衡？

（续）

我们的系统提供给你	很棒，但是
7. 随时随地学习	G. 在开发与标注可重用学习对象上，我们应采用哪些标准？一个可重用的课程具体应该是什么样的？谁来创建及维护数据库呢？设计可重用性培训需要哪些专门的培训？如果我们非正式地重复使用现有的培训课程，那么我们是否失去了利用综合方法有效地节省培训资金的机会？
8. 内置测试	H. 我们的系统是否具备设计成熟的测试引擎的功能呢？它的具体功能是什么？我们是否有内部的专业技术来核实自动生成测试的有效性呢？
9. 精确、最新的培训记录	I. 我们目前的培训范畴与即时的工作需求是否能够相配合？我们的课程设计是不是即时的呢？它们需要哪些修改？我们需要哪些投入来创造与工作职责需要相关的培训“剂量”呢？我们的员工会自愿主动参与培训吗？我们如何让他们自然而然地这样做呢？
10. 培训的可重用性	J. 我们目前更新及维护培训的状况如何？在科技手段的培训环境下我们是否更容易做到这些呢？人们需要哪些技巧来完成这些呢？我们是否需要专业人员来更新培训呢？

答案：
1-F；2-D；3-A；4-B；5-J；6-I；7-C；8-H；9-E；10-G。

你可能会认为这是一个很难的练习，有很多项承诺与警惕都有重叠的内容。尽管如此，当培训中科技手段被过于强调时，如果你带着一系列问题从这个练习中走出来，所有的努力都会变得很值得。就像我们用不同方式所陈述的那样，科技手段在提高学习效率方面提供给我们很多学习优势。确保这种效果不会被人们遗忘的决定权在你的手里。在现实中评价我们如何用科技手段获取最大利益的决定权也在你的手里。否则，你将最终止步于科技进步的传说，而非培训本身优化。

请记住

本章给出了很多关于科技手段及其承诺的信息。你从本章中学到什么了吗？在下面这些陈述中划掉不恰当的选择，然后对照我们的回答来检查你的答案。

1. 人类运用科技手段交流与学习已经有很（短 / 长）的历史了。

2. 科技手段的目标是（解决实际问题 / 发现新工具）。

3. 今天，美国的部队在利用科技手段学习上是（先进的 / 落后的）。

4. 效率指的是（满足目标的程度 / 所完成有用工作与能量耗费的比率）。

5. 效果指的是（满足目标的程度 / 所完成有用工作与能量耗费的比率）。

6. 在衡量培训成功与否的过程中人们往往忽略了（培训大量学习者时的速度与花费 / 培训在学习者表现上所产生的效果）。

7. 我们（应该 / 不应该）忽略培训与学习中的科技手段。

8. 培训中采用的科技手段增加了（反馈的可用性、灵活性，以及即时性 / 学习者更好学习的可能性）。

9. 异步培训使（培训进行时，所有的学习者都能够参与培训 / 每个学习者都可以自己选择时间参与培训）。

10. 科技手段（减少 / 增加）了现场课堂培训的时间。

11. 如果（学习者众多 / 只有一些学习者），利用科技手段开展的培训能够降低花费。

12. 可重用学习对象的意思是（改进学习机构 / 可以重复使用学习对象）。

以下是我们的答案：

1. 人类运用科技手段交流与学习已经有很长的历史了。早期的洞穴壁画和工艺品可以追溯到史前，那时，人类就已经使用科技手段来交流和庆祝他们生活中的事件了。

2. 科技手段的目标是解决实际问题。科学的目标在于发现宇宙的运转规律。科技手段将这些发现运用于工作中解决我们遇到的实际问题。

3. 今天，美国的部队在利用科技手段学习上是先进的。不仅是今天，追溯到早些年，部队在培训数以百万计的新兵过程中就系统地使用过科技手段并将其作为一项有力的工具。他们不仅是培训中运用科技手段的追寻者和倡导者，同时也是这个领域的创新者，是众多非营利组织运用科技手段学习的榜样。

4. 效率指的是所完成有用工作与能量耗费的比率。效率着重于实现预期目标所节省的时间、花费、努力，以及资源。所有这一切的花费越低效率越高。

5. 效果指的是满足目标的程度。目标完成得如何是衡量实现成功所使用方法的效果如何的指标。目标完成率越大效果越好。

6. 在衡量培训成功与否的过程中，人们往往忽略了培训在学习者表现上所产生的效果。在匆忙检查培训完成量的同时，企业却忽略了接下来对于培训效果的核实。这就是为什么科技手段对于培训决策者来说吸引力如此之大。人们很容易注意到“更快更廉价”，听上去也不错。

7. 我们不应该忽略培训与学习中的科技手段。任何能够提高学习效率的手段都是重要的。印刷术和造纸术提高了知识的传播度，使传播成本比以前更加廉价，其历史贡献是巨大的。

8. 培训中所采用的科技手段增加了反馈的可用性、灵活性以及即时性。所有这些培训的效果都取决于它的设计。

9. 异步培训使每个学习者都可以自己选择时间参与培训。这个不言自明。异步就意味着在不同的时间。

10. 科技手段减少了现场课堂培训的时间。不需要点名、午休，或者对无关话题的讨论。以科技手段为基础的课程坚守其本质（如果设计得好的话）。

11. 如果学习者众多，利用科技手段传播的培训能够降低花费。由于基础设施、设计、维护的高昂花费，这些项目需要有大量的学习者参与培训。如果人数过少，现场课堂授课这样的培训方式可能花费更少。

12. 可重用学习对象的意思是可以重复使用学习对象。在正式的可重用性中，课程设计者根据专门的标准和惯例为资源库创造了“对象”或者课程板块以便简单存储。这些内容可以被各类参与培训的学习者根据他们的需求检索、重设目的，以及重新利用。

有了本章作为将科技手段融入培训的基础，现在你随时可以根据自己的实际需要做出选择。这也是下一章我们要呈献给你的。

CHAPTER 11

第 11 章 运用科技手段学习：行动起来

本章要点

- √ 对科技与学习的迷思
- √ 在线学习的质量
- √ 投入在线学习——深思熟虑
- √ 混合学习——一个不断进化的概念
- √ 网络 2.0 和培训的未来

培训机构所犯的最严重错误之一就是，当它们决定引进新的学习科技手段作为它们战略升级的手段时，它们的服务往往过多关注了“科技”，而对于“学习”的关注则过少。确实，没有电脑、网络、软件，以及基础设施的驱动，你是不可能借力于科技手段学习的，而这些是我们目前都在用的。尽管如此，如果“学习”不足并且学习没能转化成应用于工作的技术和知识，那么最终的结果仅仅是花费大把钞票进行了一场既浪费时间又没有效果的培训。

对与错

我们先来做一个简单的测试。根据你的感觉判断以下这些陈述的对与错。

（1）利用科技手段的学习最困难的部分就是将其送到需要它的学习者的手中。

（2）许多现场培训随时都可以被转化成利用科技手段传播的课程。毕竟，无论它的传播方式如何，起作用的都是优质的学习经验。

（3）对于利用科技手段的学习，最大的抵触来自学习者本身，很多人就是不想学。

（4）在你的所有课程中，在线学习比率越高，你的整体在线学习计划就会越好。

（5）在接下来的 10～15 年里，利用科技手段的学习几乎会消灭职场中所有现场培训。

你可能已经猜到了，所有这些说法都是错误的。下面我们来进行解释。

（1）将学习科技纳入工作中并不是一项简单的任务，只有良好的标准与实践才能帮助你正确地实现它。通过与信息技术公司建立良好的合作关系，你就能够获得实现它的必要技术支持。更具挑战性的是设计适合的在线培训，确保其与你的学习者高度相关并能够让他们感兴趣，用有意义的方式衡量学习效果，在企业中创造一种氛围，使所有人都愿意通过科技手段学习。

（2）确实，由优秀的培训师引领的现场培训很容易过渡到在线培训，但仅仅是将同样内容和练习转移到一个新媒介往往效果不大。在线培训的课程设计一定要有健全的培训与学习原则，但同时也需要掌握新型互动学习技术、文本和视频设计、多媒体演示，以及更多的技术，这些技术能够将专门为现场培训设计的内容转化成精彩的、用科技手段传播的课程。

（3）学习者不愿意运用科技手段学习的情况只有在利用科技手段的课程设计很糟糕、很难理解或掌控，又或者几乎没能让人感觉到价值时才会发生。创建一个精彩有意义的在线学习课程让学习者可以随时培训，那么学习者就会蜂拥而至了。对于他们来讲，相较于等待现场授课的安排，这种方式更快速并且使他们能够更灵活地安排自己的学习时间表。此外，在未来，生长在科技环境下的学习者可能会越来越需要这种培训方式，甚至是主管们也会由于它的高效率而变得更加支持学习科技。令人惊讶的是，在太多的企业中，对于学习的科技手段最大的抵触者是培训机构本身。因此，在你走上科技培训这条道路之前，调查一下自己团队的支持程度再做决定。如果这还没完全说服你，并且你也没准备好加入这次令人兴奋的历险，那么你应该优先考虑团队成员们的热情和支持程度。

（4）很多企业认为拥有大量的在线课程是一项伟大的成就。尽管如此，数量并不能代替质量以及相关的课程。如果课程没有被用于企业中的人或达到临界值，那么它们就是一种浪费。最好的在线学习计划所提供的在线课程会很精确地适合于个人，并且满足企业需求。如果这意味着更少量、更有效的课程设置，那么精心选择而不是过度填塞培训计划资源库将是更明智的道路。

（5）很多在线学习的预言者提出现场培训已不合时宜，并且随时可以被丢弃。但每一个已经尝试取消现场培训的企业都不得不缩减开支。

将员工集中在一起学习、解决问题，集体尝试新事物还是有很大价值的。现场培训并不会很快消失，但它很有可能会以一种不同的方式呈现在大家面前。你的作用将会是决定何时何地以何种形式运用现场教学和团体教学，并使其发挥最大的效用。

是什么促成了高品质的在线学习

在大多数关于在线学习的讨论中，一个永恒不变的主题就是“质量”。在任何形式的培训中，质量的一个方面是指培训支持专门的知识学习和达成企业目标。毕竟，任何达不到此目的的课程都不应该被提供。对于利用科技手段的学习来讲，质量的另一个很重要的方面是它的课程完整性、全能性。如何在没有培训师的情况下，让学习者在媒介中保持高质量的学习效果，能够回答问题呢？或者如何根据学习者所表达出的兴趣来调整内容呢？一个简短的答案就是提前根据学习者和企业的需求分析来设计精良的课程。

设计拙劣的在线学习会有损培训质量。即便在技术条件良好、画面引人入胜，以及大量多媒体可供使用的情况下，如果从这些手段中得不到有意义的学习效果，那么每个人的努力（你的、学习者的、他们的管理者们的）都是浪费。仔细、系统化地制作在线课程，根据真实的学习者需求对课程进行测试和修正，这是在线学习设计质量的一项本质特征。

其实，在线学习或任何利用科技手段传播的课程可能在很多方面都很令人失望。想一想上次你参与互动的在线课程。在下列陈述中找出与你的某次经历相匹配的项目。

1. 内容不完整、无法理解、枯燥，或者显然是错误的。

2. 所教授的内容与工作中真正需要的知识不匹配，课程设置与企业目标不一致。

3. 在线课程基本上是电脑上的讲座或者无数的幻灯片，学习者除了阅读文本页面、看着数不清的传声头像，以及点击“下一页”外就没有什么可做的了。

4. 形式过多。许多“嘀嘀嗒嗒、金光闪闪”（嘉米·比恩在在线学习设计公司基诺创造的词）的内容涉及过多的动画、无关的声音，以及多余的图形，这些已经遮盖了课程信息。

5. 课程内的互动练习没有挑战性，练习之后的反馈也不够全面，不足以让学习者了解他们需要进一步学习和练习的地方。总体来说，学习者对于该如何学习并没有得到什么指引。

6. 课程过于关注娱乐学习者而不是教育他们。课程可能很有趣，但是几乎没有什么有用的学习内容。

7. 课程完成后的价值并不高。课程中的信息在工作中使用时很难再被检索到，因此不重新登录在线课程的话就不可能“恢复”记忆——这是很多学习者都不愿意做的。

8. 学习者意识到在线测试都是后添加的内容，不能够检测大家从课程中获得的最重要的技巧和知识。

9. 从引导的角度看，课程太过于复杂。学习者会感到迷惑并且无法找到所需的内容。如果他们在课程完成之前就停止，那么他们就不得不重新开始。课程中没有机制能够追踪和记录学习者暂停的位置。

10. 在线课程学习后几乎没有强化和支持的措施。这些措施对所有类型的培训都很重要，对于在线学习尤为关键。因为在线学习往往是个人体验，学习者经常需要与别人讨论以确保他们学习的正确性，确认他们所关注的是不是重点。

在线课程的优势并不在于完美的设计，所以很多课程会表现出不足。由能力强、经验丰富的培训专家引导，真正优质的在线课程的培训水平才可以得到大幅提高。尽管如此，太多的在线课程都漏洞百出，诸多的弱点阻碍了学习，改进后也并不实用。在这种情况下，最明智的选择就是重新开始——采取此行动是一个令人难过且代价昂贵的过程。

为了避免重新开始，首次尝试就要做对。这里有 10 种方法帮助你提升开发在线课程的成功率，这样它从一开始就能够产生期望的效果。

（1）正确的内容。首先且最为重要的是确保你的培训内容正确。这意味着你所涵盖的信息对于目标受众来讲应该精确、相关、完整，并且有趣。你可以通过前期分析或需求评估，以及获得高水平的主题专家的支持来实现这个目标。由真正的学习者来测试内容更有助于在产生高额维护费之前消除问题。

（2）绝对一致。如果学习者想要从课程中获得价值，那么保证课程与商业目标的绝对一致是首要问题。由关键利益相关者来审查课程会很有帮助。

（3）真实互动。课程有真正的互动是精彩在线学习的一个品质证明。从简单的、考虑周密的小测试到复杂的鼓励方式，除了手指按鼠标之外，创造一个高参与度的课程能使学习者锻炼他们的大脑，这会在学习过程中提供最大的回报。记住，在一个模拟的在线学习环境中，学习者可以尝试那些不切实际的技巧与想法。这种“安全的失败”功能可以是一个有力的互动过程，帮助人们从他们的错误中吸取教训而不必冒着被别人知道的风险。在这里，我们最中肯的建议就是尽量在你的能力范围内多提供实践机会，然后寻找提供更多机会的方法。请谨记，交互式培训。

（4）有价值的经历。让课程有趣也并非那么糟，但是以减少学习内容为代价来关注“娱乐”却是一个越来越严重的问题。学习者欣赏价值——在线课程在最短的时间内给了他们所需要的。如果他们得到了价值，课程有没有趣都无关紧要。

（5）少量娱乐。当考虑到你所运用的创作工具以及使用它们的频率时，适量和有目的性是关键。请记住，你能够运用吸引人的动画，但这并不意味着你应该这么做。测试问题依旧是：“它对学习过程有用吗?”

（6）在工作中实用。课程设计要让学习者在工作中能够很容易就找到课程中相关的、应用型的部分。如果课程设有工作辅助工具和其他嵌入式工具，就在课程结束后创造一个对学习者来说容易的方式来应用这些工具。

（7）有力的反馈。永远要记住在线学习者在遇到问题或缺乏理解时总是没有人在身边帮助他们。这就是为什么你在每个活动中的反馈和回答模式都应该尽量全面的原因。如果学习者能够知道问题出在哪里并且尽快修正，那么学习与记忆的速度就会突飞猛进，将学习到的东西应用于工作中的可能性也会显著提高。

（8）有效评估。在线学习结束时，大多数学习者都想要知道他们的表现如何。如果采用结课测试，就要确保测试设计精良并能够测试出真正重要的内容，应将测试项目与课程目标紧密结合起来。

（9）人性化。营造一个良好的使用经历。如果学习者对课程的界面或导航感到不满，那么他们可能就会离开并且再也不会回来。

（10）结合后续工作。当学习者有了一个良好的学习经历并且感觉他们有自信和能力将他们所学到的内容加以运用时，确保他们将学到的东西加以尝试的关键因素就在于对他们工作的后续支持。因此，当你设计在线学习计划时，需确保后续支持资源能够帮助学习者将新技术与知识应用于他们的工作中，用即时监督的形式或邀请知识渊博的同事，使他们熟悉课程内容并能够在培训后为他们提供帮助。

在线学习不是你所做出的第一个决定

在决定实施利用科技手段的任何形式的培训与学习时，尤其是在线学习的多种形式，人们往往忘记了在这之前他们已经做了很多决定——这些决定最终影响在线学习的方式是否适用。这里有 7 个设计好的需要你回答的问题。“是否选择在线学习？”这一问题是最后出现的，而不是最初出现的。

这个课程是为谁设计的，为什么

这是关键的需求评估问题。有多少人需要参与这项培训？（当然，你要决定所需培训能够消除预期效果与实际表现之间的差距。）他们在哪里？他们有时间并且准备好进入到学习系统了吗？这个课程是针对技术人员、商业客户还是管理者的，是针对新人还是老员工的？它是着重于某个关键点、高风险的表现还是背景知识？这些问题的答案会在很大程度上影响学习计划的设计方式以及在线学习是否适合。

内容与环境是什么

在这里你需要关注专题本身以及学习的必要条件。应该教什么？在什么情况下学习者需要去表现？必须如何组织内容？学习环境是相互依存的（例如，如何操作钻床）还是独立的（例如，如何核实资产负债表）？内容的稳定性如何？学习与表现目标是什么？你要清楚地知道应该教授内容的精确属性以及需要怎样的环境与约束才能有助于确定教授内容所采取的方式。

课程深入程度如何

深入程度与学习内容和环境有关。也许内容的某些部分只需要以浏览的方式处理，而某些部分则需要深入研究。对于同样的内容，一些人可能只需要简述，而另一些人则需要了解细节并能够运用。例如，对于技术型、高风险的内容，工程师可能需要获得更深入的了解以便在工作中应用，而管理人员也许只需要对相同的材料进行粗略的浏览即可。

是不是所需的学习种类

这是一个关于所需学习内容本质的相关性的必要问题。答案将会在开发既合适又有效的课程过程中给予你指导。“学习者必须要记住他们所学习的内容吗？”换言之，就是在没有任何参考资料及辅助工具的情况下，他们是否需要在工作中通过回忆学习内容来操作？如果答案是需要（例如，当正在着陆的飞机突然失去动力下落时，没有时间参阅资料及操作手册等辅助工具），那么学习设计就要着重于深入研究适用于学习者的思维模式。学习计划将包含各式各样的情境以使学习者能够通过练习熟练掌握，直到能够“自动化”表现（无须思考就自动表现）。如果答案是不需要（例如，组装自行车），学习者可以参照说明书、辅助工具，或者在线资源，那么课程就应着重于资源选择以及如何选择合适的指导工具。

这一问题的答案为所需学习类型指明了方向，因此也指出了培训设计方式的属性。同时，它也帮助我们确定了学习者的学习和表现水平，学习者需要证明他们能够将学习到的内容应用到现实世界中。

你有多少时间

一个经常被忽略的问题就是：为了开发和传播所有学习者都需要的课程，企业所能等待的时间有多少。这对于课程开发是一个至关重要的因素，尤其是当新产品的开发日期已定的时候。在线学习系统需要更长的开发时间，但是推广时间很少，因此为选择在线课程开发找到一个商业理由是很重要的。你要确保培训准备就绪并适应所有学习者的需要，让培训发挥出最大效用。你不会希望看到由于培训延迟而对生意产生负面影响。

培训如何传播

现在，对于在线学习是不是一条正确的道路，你心里应该有数了。前五个问题都能够帮助你做出决定并确保你以最有效的方式传播最优质的培训课程。基于此，你还需要考虑培训的传播方式是同步还是异步。我们在第 10 章讨论过这两个方式。你希望所有学习者在同一时间（同步）登录在线讲座吗（由于耗费资源少、花费低，受到众多企业的欢迎）？同步学习有很多优势。无论在哪里，每个人都能同时参与一个事件。如果设计精良，同步在线讲座和现场培训的效果也差不多。有翔实的材料和优秀的培训师或者服务商又或者一群充满活力的专家，在线讲座可以取得很好的效果。制作及传播在线讲座软件相比之下没有那么昂贵。在任何能上网的地方学习者都能够加入在线讲座，传送在线讲座的内容也不需要专门的环境。我们已经在在线讲座方面获得了丰富的经验。不仅培训师和服务商可以直接与学习者个人互动，学习者在学习期间也可以使用聊天模式相互交流或与领导者交流。这种软件支持大量的互动活动，包括使用白板、团队协作、调查、测试，以及问答环节。一个比较关键的缺点是每个在线讲座都是一次性的活动。过后再观看在线讲座的回放就失去了即时性，也感受不到现场活动的兴奋点。通常网络直播都以讲座的形式播放，被用于传播重要的公告。它同样也是同步活动，一些互动也可以被置入其中。

在学习者个人的时间安排以及需求方面，异步在线学习和其他的自我掌控学习形式，以及利用科技手段传播的培训都具有可用性强的优势。总体来说，异步培训的设计和制作费用更高。开发一个学习程序包通常需要更长的时间，且这个程序包在投入传播之前必须能够弥补学习者没有培训师在场的缺憾。要开发高品质的异步培训使科技的力量得到最大限度发挥的同时又能够迎合成人的学习原则，这样的课程设计投入必然要高于同步学习。尽管如此，前期的努力会从课程的高灵活性及可重用性上得到回报。材料演示可以根据学习者的进步情况来选用。测试以及个人学习成果也可以被记录和汇报。

什么是度量学

你必须要决定如何评估课程的成功——是否在线。学习所得够用吗？商业价值如何？业绩如何？确保你有一个综合评定办法，并且你的客户或者委托人也能被囊括在计划之中。

这 7 个问题当然不能够完全覆盖在线培训设计的所有方面，但它们确实传达了两个重要信息。首先，在需求、内容、环境、深度、方法以及时间确定之前就决定一个课程是否上线往往不能够达成最好的效果。其次，一个这样的问题清单可以帮助你在计划过程中避免错误。在你苦思冥想如何让在线培训对你、学习者、你的企业起到最佳效果时，这些问题给你的团队提出了讨论重点。

之前的所有内容可能都会给你留下一个印象，那就是你要在现场培训、在线培训以及其他利用科技手段的学习形式中做出选择。事实绝非如此。与大多数人所认识到的相比，科技手段在学习中的运用以及在线学习本身的概念正在变得更宽泛、更复杂。

混合式学习

在线培训将会完全取代现场培训，这样的想法是错误的，但是有了在线培训作为我们课程战略储备的显著要素，我们有理由相信在线培训与现场培训的结合将会适用于很多情况。这种结合已经被人们看作混合式学习了。

传统的混合式学习支持这样的一个观念，那就是通过将基本内容上传至网络而缩短课堂时间（提高效率），从而使现场培训的效果通过在线培训得到增强。从说明材料中得到解放，现场培训师可以专注于更加高级的内容，在课堂上将时间更多地用于组织学习者进行练习、实验和团队合作上。这就改变了课堂的动态模式，使之从被动的讲授变成一项参与性更强的活动。培训师也从“讲坛上的圣人”变成了“身边的向导”。

今天，在线学习经常被用在课堂培训的课前或者课后部分。在活动计划中，在线课程被定位成伴随课堂培训的学习途径。这一选择基于两种方式相互完善从而在为学习者提供更灵活的时间表的情况下获得同样的甚至更高质量的培训，使培训更划算、更高效。

如何混合

表 11-1 展示了四个情景样例，请给每种情景找出一种能够运用混合式学习的方式。

表 11-1 四个情景样例

情　景	建　议
电脑制造商： 在三个月内，公司要推出一个新的账户系统，要求全球 1000 多名工程师必须执行。这个系统与现有系统完全不同	
国际不动产与拆迁公司： 为国内与国际拆迁建立了新的客服中心。客服中心需要招募 1000 名客服代表。六周内必须见成效。每月计划纳入 100 名新进客服。客服代表们必须在新的工作地点重新安置来自各公司的员工及他们的家人	
高科技方案公司： 确保公司和分布在四大洲的第三方合作工程师们能够为客户的利益和服务的一致性做出“最佳实践”	
无线电话公司： 减少时间和成本，为各地客服中心源源不断地培养高效、持久的新进客服代表	

表 11-2 针对每个样例如何采用混合式学习给出了一些建议。

表 11-2 对混合式学习情景的一些建议

情　景	建　议
电脑制造商： 在三个月内，公司要推出一个新的账户系统，要求全球 1000 多名工程师必须执行。这个系统与现有系统完全不同	课前利用在线学习帮助了解即将到来的改变，让工程师们了解需要完成的任务。这给面对面的培训留下更多的练习时间，这种方法可能更具“实验”性

（续）

情 景	建 议
国际不动产与拆迁公司： 为国内与国际拆迁建立了新的客服中心。客服中心需要招募1000名客服代表。六周内必须见成效。每月计划纳入100名新进客服。客服代表们必须在新的工作地点重新安置来自各公司的员工及他们的家人	尽量多地将内容传到网上以供学习，这样1000名员工中的大多数人都能得到培训。然后让他们进入真实的客服中心（或实验室）进行现场培训和练习。尽量请有经验的工作人员给予额外的训练
高科技方案公司： 确保公司和分布在四大洲的第三方合作工程师们能够为客户的利益和服务的一致性做出“最佳实践”	开发每个最佳实践的在线学习模块并置于在线课程图书馆中，工程师可以根据需求进入。这些课程可以采用多种语言。此外，这些课程可以放置于公司防火墙之外，这样第三方工程师在不获知公司内部更敏感内容的情况下就可以访问这些课程。公司可以在现场课程中引用相关的本地案例。培训师和同事们能够给予学习者即时的反馈。培训师的后续支持也能够帮助学习者在工作中适当调整，做到最佳应用
无线电话公司： 减少时间和成本，为各地客服中心源源不断地培养高效、持久的新进客服代表	在线学习课程创造的一些界面与互动便于员工们随身携带并应用。此外，可以为那些有额外练习需求的员工提供后续课程。运用所提供的可选在线学习工具给反应较慢的学习者更多练习时间。管理人员的职场指导可以根据需求为学员提供个性化援助

超越传统意义的混合式学习

既然将混合式学习看作在线培训与课堂培训的结合是恰当的，那么我们就必须考虑更多内容。

自问一下，一个普通员工或客户每年会花费多少小时（或天）在培训上（无论现场还是在线）？如果你的答案是超过40小时或5天，那么恭喜你！你在一个积极进取的地方工作。大多数企业提供的平均数据是每年的“正式”培训时间不到 1 周。

“正式”这个词很重要。正式培训是安排好的，大多包含开始与终止时间。正式培训有专门的设计计划，所有学习者都以差不多相同的方式完成培训。现在考虑一下，如果一年用不到 1 周进行正式培训，那么这一年当中的其余 51 周多里，当员工或者客户需要新技术、新知识时怎么办？当然他们要继续学习，要不然怎么样？

我们知道人们的学习方式多种多样。我们也知道大多数的学习都发生在职场。除了上课，我们当然还会从阅读与倾听、做事与观察、判断与试错、调试与采用，以及引导与无向导的实践中学到东西。我们也通过很多不同资源来提升能力。除了培训师，我们从同事、老板、专家、网站、各类文献，以及我们自身的经历当中都能学到东西。

我们在职场中 70%～80% 的学习都不是通过正式的课程实现的。我们大多数的知识都是通过非正式的方式获得的。非正式学习具有高度个人化的特点。它不是计划中的，并且完全由个人的兴趣及需要所引导。没有课程表或者起始时间，并且由于人们的兴趣、能力各不相同，一个人学习到的东西可能与任何人获得的、领悟到的都不同。

因此，正式培训的设计要着重结构、组织，非正式学习则更倾向于自由式的图书馆，学习者在那里可以搜罗资源，选择那些他们在特定时期认为最有用、最有效的知识。

回顾一下你的大学经历。每一学期你的课表里每周都有大约 15 小时的正式学习时间，但你花费（或应该花费）更多的时间在图书馆、学习小组、处理项目，以及进行研究等这些非正式学习上。在职场上，你在超过 51 周里没有参与各种正式课程，但在这段时间里，你仍旧在进行非正式学习。

因此，混合式学习的新观念不仅仅是课堂现场培训与在线培训的结合，尽管这也是它的一部分。从更广义的层面上来讲，它还指正式学习与非正式学习的结合。

新型非正式学习方法

培训的世界不断涌现出非正式学习的新方法。信息交流由于信息与协作而不断增加。这三方面都很关键。想一想三脚凳（见图 11-1），卸掉了一条腿，整个凳子就变得不稳，甚至散架。

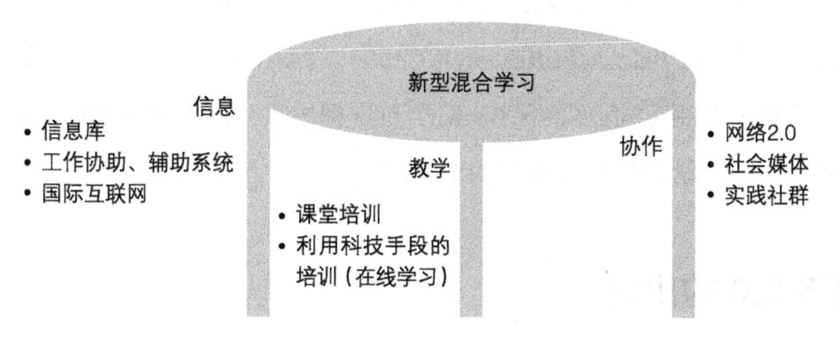

图 11-1　新型混合学习

教学——凳子的第一条腿。它是引导学习者获得他们所缺乏的技巧和知识的行为，需要有很好的执行力。

信息——凳子的第二条腿。它已经成为很多企业的巨大挑战。信息增长的速度不断加快，而这些信息的半衰期正在不断缩短。换言之，我们还有更多的知识要学，但是知识过时以及被新知识取代的速度从来没有这么快过。每个企业的挑战都是处理其信息库中的知识，用文献、演示、视频和音频资料，以及更多的形式来覆盖和传播里面的内容。从简单到复杂的工具现在都可以被用来处理企业知识，让人们能够更安心地访问与更新这些知识，与此同时也能恰当地维护企业的知识产权。

协作——凳子的第三条腿。在同事间、专家间甚至学习者间，协作对学习成功的重要性绝不可能被轻描淡写。员工们寻找答案、测试观念、寻找有共同兴趣与需求的人的能力，以及与团队和实践社群的相互协作，这些是自然而然的学习方式，同时也可以更加高效。当一个人提出问题并且很快就能得到答案时，他就可以尽快将其应用于工作中，而不是在他需要时停下来去参加一个课程。

一个真正的学习型企业不是拥有最多培训计划或最多在线课程的企业。相反，它是知识分享最自由的企业，人们不断地交换有效信息、协作方式和工具。知识分享是高等的社会行为。施乐（Xerox）的帕洛阿尔托研究中心（Palo Alto Research Center，PARC）前主席，学习领袖约翰·希利·布朗（John Seely Brown）首次提出了"所有学习都归于社会"的概念。社会学习是在线学习的新领域。

网络 2.0 的出现

如今，网络不仅用于互动，也用于社交。每个人都是内容的创造者和消费者。创建及传播内容的工具比以往更容易掌握。新的国际互联网网络 2.0 就是由这种信息互联定义的。

补充学习

随着网络应用的爆发，出现了 YouTube、推特、脸书、维基百科、Instagram，还有很多诸如此类的交流工具，就像人们描述的那样，不想知道网络的改变和网络 2.0，那"你只能做井底之蛙了"。工具让人们能够协作、收集和分享信息，以及随处建立社群。

与其评论博客、维基百科、订阅资源、社交网络、播客，以及网络广播，我们为什么不用这些工具来自学呢？

你可以使用像谷歌和必应这样的搜索引擎、像YouTube和维基百科这样的内容网站，以及在其他资源中找出更多的社交媒体和网络2.0工具，思考如何将它们应用于学习和其他情况中。此外，不断进入更新的媒体中寻找最新的信息是最有可能与网络2.0的变化保持一致的方法，而不是仅仅依靠这简短的一章。

这作为非正式学习的一个例子怎么样？试试吧。

从YouTube到维基百科，从播客到网络广播，从成千上万的博客中，从社群网站的五亿会员中，一个新型更具活力的个人网络已经包围了我们。至于培训，网络2.0（也包括社交媒体、实时网络，以及协作网站）为非正式学习创造了巨大的机会。

运用网络2.0和社交媒体工具进行非正式学习也不是没有挑战。以下是近期产生的一些问题。哪些是你赞同的？

- ☐ 1. 社交媒体致使人们在阅读和写作时缺乏思考，这对学习不可能有好处。
- ☐ 2. 在社交媒体上我们可能会与那些仅仅对专题有粗略了解的人进行交流。
- ☐ 3. 社交媒体损害了人们的对话能力，这不利于协作。
- ☐ 4. 社交媒体促使我们用短小的“话语片段”思考。
- ☐ 5. 当每个人都能创造内容时，不好的内容也会增多。
- ☐ 6. 社交媒体的使用者们的研究能力、信息质量评估能力往往更差。

大多数人都认为这些陈述中有一些是对的。毕竟，不彻底的贯彻执行和社交媒体的负面作用会毁掉任何革新带来的好处。此外，一些人总是抗拒新科技，担心滥用和缺乏安全感总会给企业新科技的应用降温。一个公司要花上很多年才能完全接受电子邮件和在线学习。但是它确实发生了，也没办法回头。至于网络2.0和社交媒体，应对阻碍的最好办法最终只能是坚信“这一切都会过去的”。

尽管有批评，但社交媒体和网络2.0还是带给了我们巨大的机会。以下这些表述哪些是你赞同的？

□ 1. 社交媒体代表了我们交流方式的一种改变，我们能够很好地运用电视、电子邮件和网络，我们同样也会很好地运用它的。

□ 2. 社交媒体鼓励了博客写作和其他的在线出版物出版。媒介也许不同，但是好的作品永远不会过时。

□ 3. 社交网络促成了更优秀团队的形成。没有这些新工具，这样的团队永远都不会形成。

□ 4. 社交网络为今天的员工带来了麻烦，但它会成为未来的员工的习惯。

□ 5. 社交媒体可能是我们与全球范围的信息爆炸保持一致的唯一途径。

□ 6. 社交媒体使更多人能够进入，这在促进人们加深关系和理解上非常有利。这有什么不好的吗？

关于社交媒体的讨论还会持续很长时间，很有可能会持续到某些新科技现象突然出现。我们的意见是既不要逃避网络2.0和社交媒体，也不要完全融入其中。我们必须要更好地理解和掌控它，包括考量传播者对新媒体的现实情况的吹嘘和承诺。如果我们不是聪明的科技手段传播内容的消费者，我们就不可能是聪明的科技使用者。通过维护适当的平衡和明智地使用新媒体探索网络2.0并使它为整个科技学习方程式增加价值，这是有可能实现的。

结合网络 2.0 进行培训

想要将网络 2.0 融入整个科技学习战略中有什么有趣的方法吗？增加信息引入与协作机会是一个很好的方法，尤其是在正式培训后回归到工作中时。另外一个方法是，将信息与协作工具看作一个推动培训内容的机会，以便珍贵的培训资源可以有机会服务于高阶学习（从陈述事实到模拟以及促成实验）。重新回顾一下表 11-1 和表 11-2 的 4 个样例，你会想到什么新想法来使用网络 2.0 这个非正式工具以促进学习和提升业绩呢？把你的想法写在表 11-3 中。

表 11-3　你对于网络 2.0 与混合式学习情景样例结合的想法

情　景	建　议	
	正式在线培训	非正式网络 2.0
电脑制造商： 在三个月内，公司要推出一个新的账户系统，要求全球 1000 多名工程师必须执行。这个系统与现有系统完全不同	课前利用在线学习帮助了解即将到来的改变，让工程师们了解需要完成的任务。这给面对面的培训留下更多的练习时间，这种方法可能更具“实验”性	
国际不动产与拆迁公司： 为国内与国际拆迁建立了新的客服中心。客服中心需要招募 1000 名客服代表。六周内必须见成效。每月计划纳入 100 名新进客服。客服代表们必须在新的工作地点重新安置来自各公司的员工及他们的家人	尽量多地将内容传到网上以供学习，这样 1000 名员工中的大多数人都能得到培训。然后让他们进入真实的客服中心（或实验室）进行现场培训和练习。尽量请有经验的工作人员给予额外的训练	

（续）

情 景	建 议	
	正式在线培训	非正式网络 2.0
高科技方案公司： 确保公司和分布在四大洲的第三方合作工程师们能够为客户的利益和服务的一致性做出“最佳实践”	开发每个最佳实践的在线学习模块并置于在线课程图书馆中，工程师可以根据需求进入。这些课程可以采用多种语言。此外，这些课程可以放置于公司防火墙之外，这样第三方工程师在不获知公司内部更敏感内容的情况下就可以访问这些课程。公司可以在现场课程中引用相关的本地案例。培训师和同事们能够给予学习者即时的反馈。培训师的后续支持也能够帮助学习者在工作中适当调整，做到最佳应用	
无线电话公司： 减少时间和成本，为各地客服中心源源不断地培养高效、持久的新进客服代表	在线学习课程创造的一些界面与互动便于员工们随身携带并应用。此外，可以为那些有额外练习需求的员工提供后续课程。运用所提供的可选在线学习工具给反应较慢的学习者更多练习时间。管理人员的职场指导可以根据需求为学员提供个性化援助	

表 11-4 对于如何在你的整个学习策略中结合网络 2.0 的方法和工具给出了一些建议。

你会有更多甚至更好的想法。你想到了什么？

表 11-4 对于如何在你的整个学习策略中结合网络 2.0 的方法和工具的建议

情 景	建 议	
	正式在线培训	非正式网络 2.0
电脑制造商： 在三个月内，公司要推出一个新的账户系统，要求全球 1000 多名工程师必须执行。这个系统与现有系统完全不同	课前利用在线学习帮助了解即将到来的改变，让工程师们了解需要完成的任务。这给面对面的培训留下更多的练习时间，这种方法可能更具“实验”性	◇首席信息官发布博客，谈论新系统和系统对公司的重要性 ◇创建一个信息资源库支持新系统的使用，让所有人都能够进入。在培训中介绍如何使用

（续）

情　景	建　议	
	正式在线培训	非正式网络 2.0
国际不动产与拆迁公司： 为国内与国际拆迁建立了新的客服中心。客服中心需要招募 1000 名客服代表。六周内必须见成效。每月计划纳入 100 名新进客服。客服代表们必须在新的工作地点重新安置来自各公司的员工及他们的家人	尽量多地将内容传到网上以供学习，这样 1000 名员工中的大多数人都能得到培训。然后让他们进入真实的客服中心（或实验室）进行现场培训和练习。尽量请有经验的工作人员给予额外的训练	◇将综合帮助功能嵌入新系统，作为培训内容之外的信息资源库 ◇创建一个教练和培训师的社群网络，新员工有任何疑问或问题时就可以随时进入 ◇当速度变得至关重要时，交流就成了关键。用博客来保证客服经理及时更新培训计划的推行程度
高科技方案公司： 确保公司和分布在四大洲的第三方合作工程师们能够为客户的利益和服务的一致性做出“最佳实践”	开发每个最佳实践的在线学习模块并置于在线课程图书馆中，工程师可以根据需求进入。这些课程可以采用多种语言。此外，这些课程可以放置于公司防火墙之外，这样第三方工程师在不获知公司内部更敏感内容的情况下就可以访问这些课程。公司可以在现场课程中引用相关的本地案例。培训师和同事们能够给予学习者即时的反馈。培训师的后续支持也能够帮助学习者在工作中适当调整，做到最佳应用	◇建立一个最佳实践资源库，其中包含人们是如何用新的科技手段实践来提升业绩的演示和真实故事。让人们能够分享自己的故事，这样随着时间的推移知识就会得到累积增长 ◇在每一个最佳实践中建立一个专家网页，可以提供在线咨询
无线电话公司： 减少时间和成本，为各地客服中心源源不断地培养高效、持久的新进客服代表	在线学习课程创造的一些界面与互动便于员工们随身携带并应用。此外，可以为那些有额外练习需求的员工提供后续课程。运用所提供的可选在线学习工具给反应较慢的学习者更多练习时间。管理人员的职场指导可以根据需求为学员提供个性化援助	◇根据现实经历建立一个“最佳呼叫”和“最差呼叫”的知识库（提倡保护隐私）。这样，员工就能够讨论并总结接听这些电话的策略了。使用培训计划中的知识库，还要将它放在“明面上”，对于如何接听做专业讲解 ◇改进客服中心的电脑界面（可用性、导航等），让学习工具和支持工具更实用

资源与范例：在学习中运用新媒体的观念

网络是一个巨大的信息图书馆，任何人都可以从中筛选信息。寻找一些新方法将科技手段运用于学习中。表 11-5 展示了一些来自各种新媒体的有趣资源。阅读后想一想，你如何才能利用这些工具来满足学习者的需要。填写表 11-5 后，来看看表 11-6 中我们给出的参考建议。

表 11-5 如何在培训中运用新媒体

新媒体形式	如何在培训中运用
视频：YouTube YouTube 上的视频从肤浅到深刻，几乎包罗万象。以下是如何观看一系列视频，这些视频简明清楚地介绍了网络 2.0 工具：进入 YouTube，在搜索栏输入“简明英语 ××”，例如“简明英语社交媒体”或者“简明英语推特”，又或者任何其他网络 2.0 的相关词条。在简短的精彩视频中，李·勒费夫尔（Lee Leefever）就把一切都解释清楚了	
信息数据库 新型学习技术的最好信息资源之一就是英国的“学习与表现技术中心”。在这些丰富的资源中，简·哈特（Jane Hart）为资源提供了宝贵的收集中心，这些资源既实际又好用，还可以分享	
博客 博客为大家保持工作中、计划中、企业里和生活里的信息互通提供了绝佳的方式	
维基百科 维基百科提供了一种快捷简单的方式，它收集和组织了可供他人浏览和分享的信息。你想要有多少投稿者就可以有多少投稿者	

表 11-6 关于如何在培训中运用新媒体的建设

新媒介形式	如何在培训中运用
视频：YouTube YouTube 上的视频从肤浅到深刻，几乎包罗万象。以下是如何观看一系列视频，这些视频简明清楚地介绍了网络 2.0 工具：进入 YouTube，在搜索栏输入“简明英语 ××”，例如“简明英语社交媒体”或者“简明英语推特”，又或者任何其他网络 2.0 的相关词条。在简短的精彩视频中，李·勒费夫尔（Lee Leefever）就把一切都解释清楚了	◇创建特约发言人和专家的 YouTube 频道，让学习者和员工们可以随时随地访问 ◇上传你的（或学生的）讲话视频，让课程参与者可以随时访问 ◇录制在线讲座和网络广播以便将来观看
信息数据库 新型学习技术的最好信息资源之一就是英国的“学习与表现技术中心”。在这些丰富的资源中，简·哈特（Jane Hart）为资源提供了宝贵的收集中心，这些资源既实际又好用，还可以分享	◇为学习者创造他们回到工作岗位后依旧可以访问的在线资源。持续增加知识数据库内容。当有新信息发布时，让所有人都知道 ◇与公司的其他部门合作，为学习者提供基本的信息资源 ◇创建与特定主题相关的全信息一站式服务。与公司的图书管理员合作，确保进入和使用的便利性 ◇创建你自己的在线信息资源库，丰富课堂学习材料
博客 博客为大家保持工作中、计划中、企业里和生活里的信息互通提供了绝佳的方式	◇创建一个博客让目前的和过去的学习者了解课程和活动进展 ◇在博客上发布有趣甚至有争议的内容，让学习者对其做出反应 ◇组织学习小组时让每个小组通过博客分享他们的进步 ◇对于多门课程，使用博客在课间与学习者交流
维基百科 维基百科提供了一种快捷简单的方式，它收集和组织了可供他人浏览和分享的信息。你想要有多少投稿者就可以有多少投稿者	◇让学习者使用维基百科编辑研究或项目的结果 ◇使用维基百科让整个班级为一个或多个主题贡献内容。允许学习者给维基百科投稿，使其成为在班级和回到工作岗位都能够使用的强有力的资源

新型混合式学习与未来式培训

因为学习应用的科技手段会向前发展，它的性质也正在被重新定义。新型混合式学习不仅仅是简单的在线课程结合培训师引领的培训，它超越了教学本身，将信息的可获得性和合作性引入学习的最前沿。

新型混合式学习代表了培训师工具包的重大扩展，并提供了一个绝佳的机会来超越课程设置，直接改善学习和工作场所的表现。要想成功，需要信息技术、人力资源、直系机构、高级领导，以及员工和客户们的强大支持与配合。最后，新型混合式学习开启了一扇重要的大门，从此培训专业人士可以对个人学习者乃至整个企业的日常表现产生真正的影响。

网络就像一张巨大的网，让你能够在网页上利用简洁的技术方法传递信息、交流、搜索内容，还可以为现有的培训与学习计划增加一些趣味。就像历史上我们的祖先利用他们那个时代的科技手段推广信息与课程一样，我们也应该能把我们所用的信息收集起来，用以帮助提升学习者们的思维技巧、知识储备和能力。这样他们就能为他们的生活和他人的生活做出更有价值的贡献。

请记住

本章提供了很多可供考虑的内容和想法。你学到了什么？这里有一些需要你补充完成的陈述，像以往一样划掉你认为不正确的陈述，然后参看一下我们给出的答案和原因。

1. 对于利用科技手段的学习产生最大的抵触情绪的原因是（学习者本身 / 培训机构的成员），很多人就是不想参与。

2. 在线课程的优势（是 / 不是）设计得很完美。

3. 在模拟在线学习的环境中，学习者可以尝试那些在现实世界中（总是 / 可能不太）实际的技术和想法。

4. 在线学习作为传播模式是你所做的（第一个 / 最后一个）决定。

5. 在线培训和课堂培训相结合是（很有用的 / 不值得的）。

6. 培训世界见证了非正式学习的（增长 / 降低）。

7. 协作（降低 / 提升）了学习效率。

8. 真正的学习型企业是拥有（大量 / 高标准）的可用在线培训资源的企业。

9. 拥有超过五亿的社区网站成员，这已经创造了一个（个人 / 非个人）的网络。

10. 信息和协作工具为培训提供了内容（输出 / 输入）的机会，这样，宝贵的资源就有机会被用于有更高要求的学习中了。

11. 博客是（一个为他人收集和组织信息以供阅读和分享的快捷方式 / 使大家了解你的工作、计划、企业或生活的进展情况的一个极好方式）。

我们的选择及原因：

1. 对于利用科技手段的学习最大的抵触情绪来自培训机构的成员，很多人就是不想参与。像我们在本章开头说的那样，只有当利用科技手段的课程设计得很糟糕、很难搜索或控制，或者没有提供什么价值时，学习者才会有不愿意利用科技手段学习的想法。创建一个随时可以学习的有价值的在线学习课程，学习者就会蜂拥而至。尽管如此，利用科技手段的培训可能会威胁到培训从业人员，使他们被迫面对尚未准备好的改变。结果就是，这种抵触情绪会一直持续到他们看到自己受益、学员受益的那天。

2. 在线课程的优势不是设计得很完美。由于急于开展培训，企业往往会忽视课程设计的重要性。他们误信销售人员的承诺，认为可以花很少的钱便可以将课堂培训转变成在线学习。真正有效的在线培训需要精心的设计和明智的选择。可惜的是，当我们检验那么多企业放在网上供学习的内容时，我们发现这两点都十分欠缺。

3. 在模拟在线学习的环境中，学习者可以尝试那些在现实世界中可能不太实际的技术和想法。模拟环境鼓励学习者尝试、犯错，他们可以从中得到成长。模拟环境提供了“安全失败”的机会。在低风险的环境中，学习者可以尝试在现实世界中不敢尝试的事情，发现原因，并得到及时的反馈，有效提高他们的行动力和决断力。

4. 在线学习作为传播模式是你所做的最后一个决定。你希望解决的问题需要先进的技术和知识，又或者只能通过其他方式来解决（例如，更好的工具、更大的激励或更清晰的预期）吗？是否有充足的信息技术基础设施？学习者是否足够独立，能够从在线学习方式中得到充分的学习机会呢？你有足够的资源吗？在你最终得出在线学习是最省钱、最有效的方式的结论前，有很多问题需要被解答，有很多决定需要被做出。

5. 在线培训和课堂培训相结合是很有用的。是的，基于策略、花费、可进入性和影响，每种培训各有其优势。尝试一下有效结合。

6. 培训世界见证了非正式学习的增长。我们有这么多可支配的免费资源，从在线信息和学习工具到实践社区，以及其他形式的与知识渊博的专家们的线上交流，你可以一头扎进网络发现无数种做草莓派、修理收割机引擎，或者增长你的诗歌知识的方式。显然，你要小心你所发现事物的质量和可靠性。在非正式学习中你会遇到错误信息和误导信息。

7. 协作提升了学习效率。我们通过协作（参与表演、向专家提问，或者尝试从有经验的开拓者那里得到反馈）学到很多。我们不必等培训师来上课或者到图书馆找答案。网络给我们提供了无数像谷歌和雅虎这样的搜索引擎和资源，找到正确的人和组织来帮助我们快速学习变得更容易了。

8. 真正的学习型企业是拥有高标准的可用在线培训资源的企业。数量不等同于质量。可用的程序必须与职场需求紧密结合。否则，学习经历就会变成令人沮丧的和阻碍学习者学习的行为。成人想要解决问题并在工作中进步，那些可用但不相关的培训是不能够帮助他们达成目标的。关注必要性并使培训便于参与，这会有助于建立一个真正意义上的学习型企业。

9. 拥有超过五亿的社区网站成员，这已经创造了一个个人的网络。你可以选择个人网页，有太多的成员和信息可供人们选择。这么好的工具会帮助你访问想要访问的人和内容，社群网站让你创建了一个你自己选择的世界。

10. 信息和协作工具为培训提供了内容输入的机会，这样，宝贵的资源就有机会被用于有更高要求的学习中了。网络是学习内容的巨大储藏室。你可以作为学习专家进入网站，发现学习者们自己获得相关技术和知识的途径，鼓励学习者们自己探索。这节省了你的时间，并且使你能够将宝贵的资源投入到群策群力、分享学习内容、关注本质、培养高阶思维力和决策力上。

11. 博客是使大家了解你的工作、计划、企业或生活的进展情况的一个极好方式。博客在工作交流与信息分享、新举措、遇到的问题、事件或者仅仅就是日常生活上的使用越来越频繁。

利用科技手段学习：“行动起来”

本章很长，有很多关于科技、网络学习、在线学习、混合式学习、互联网、网络 2.0、社群网站和其他令人兴奋的科技手段的内容。几乎每天我都会听到有新的选择可供考虑，它们有潜力改善我们帮助人们学习的方式。我们要调整自己的节奏，领会科技手段所有的闪光点。请谨记，科技手段带给我们的是方式而不是结果。不要忘记无用输入、输出，否则你只能以靠科技驱动的传说和没有成效的培训告终。

此时，我们将要进入本书的最后一部分了。在这一部分里，我们再次关注基本原理（即在在线培训与学习中，什么样的科学和最佳的实践才是最可靠的）。在最后一部分里，我们不得不与你告别了。请在这次读书的旅程中和我们一起做最后一次反思。

| 第五部分 |

大功造成

CHAPTER 12

第 12 章 对与错：什么是真理

本章要点

- √ 通过“对与错”游戏分辨有关学习的真知灼见和错误看法
- √ 基于研究的总结
- √ “在传统观点面前，应当保持警觉”，就此给你一些实用的建议

很多被广为接受的有关培训的传统看法经常会给学习和研讨过程带来负面的影响。虽然这些观点是经过很多代培训者流传下来的，却不一定经得起实践的检验。我们曾经读过主题为“如何通过检验学习者的头骨，根据头骨形状更好地指导学习者”的大部头专著（作者显然受到了 19 世纪和 20 世纪颅相学运动的影响）。很多教师和培训师还会相信这类说法。研究培训历史的时候，我们发现有很多曾经被人奉如圭臬的理论竟然鼓吹不同种族的学习能力不同、某些学习内容和方法更适合某个性别（例如，不要教给女性太多的数学和科学知识，因为她们的推理能力不足）。

20 世纪初，教育和培训科学倾向于把增强记忆力作为提高脑力的途

径，将记忆力形容为需要锻炼的“肌肉”。这种观点和其他关于培养“性格”和“推理能力”的谬论都被科学揭穿了，被证明是伪科学，不再被人们所相信。但是，今天的培训领域是否不再有类似的错误观点呢？很难说。

我们在本章希望和大家探讨一些学习方面的问题，有些虽然不完全符合前几章的说法，但是我们认为值得与你分享。我们把一些观点与第 8 章提到的“对与错”游戏结合起来设计了一个练习。

在表 12-1 中，有 12 条观点，每一条都与培训和工作场所的表现有关，请根据自己的想法判断每一条的对与错。待你完成之后，我们将总结这个练习并告诉你围绕这些观点我们发现了什么。

表 12-1　对与错

观　点	对	错
1. 一般来说，某一方面做得出色的专家明白自己在做什么，而且是传授工作技能的最佳人选	☐	☐
2. 留意学习者的学习风格对于有效教学来说十分必要。有些学习者更倾向于使用视觉，有些则更倾向于使用听觉，还有些更倾向于使用触觉。这说明指导与学习风格相结合会得到更好的学习成果	☐	☐
3. 培训方式越有乐趣，学习效果就越好	☐	☐
4. 在相同条件下，不同的培训媒介是影响学习效果的最主要因素	☐	☐
5. 与研究别人想出来的解决方法相比，完全靠自己思考可以得到更好的问题解决方法	☐	☐
6. 讲授给学习者的内容越多，他们获得的知识就越多	☐	☐
7. 设计出色的培训项目可以弥补差劲的执行计划	☐	☐
8. 技术是未来在职学习的成功关键	☐	☐
9. 工作表现不好大多数是由于缺少必需的技能和知识	☐	☐
10. 培训中的成功表现通常意味着不错的工作表现	☐	☐
11. 关于左右脑的科学发现协助我们给有左脑优势或有右脑优势的学习者提供了更多的帮助。课程着重右脑可以增加创造力，着重左脑可以提升逻辑思维能力	☐	☐
12. 古老的常识是科学的朋友，遵循传统观点可以确保培训的质量	☐	☐

请认真判断每一项命题的真伪，这样做会使后面的内容对你更有意义、更有趣。

1. 一般来说，某一方面做得出色的专家明白自己在做什么，而且是传授工作技能的最佳人选。

这个观点听起来有道理，但是它与知识工程学的研究发现相矛盾。本书的前面章节曾经讨论过专家和新手处理信息的过程是多么不同。很多专家无法在传授技能时描述出自己掌提的知识。他们能讲述在具体情况下应该怎么做，但不能总结出适用于所有情况的普遍原则。有人曾经对纽约的出租车司机做了个实验，充分说明了这一点。例如，从曼哈顿的某处前往另一个地点，司机们能够说出走哪一条路线更快捷以及原因，但是无法讲出一条应该如何在纽约城中活动的综合性原则。根据不同的交通条件、时间和天气情况，他们只是“知道”该怎么做。大多数情况下，他们能根据经验感觉出哪条路线是最好的，所以，第一个观点是错误的。

2. 留意学习者的学习风格对于有效教学来说十分必要。有些学习者更倾向于使用视觉，有些则更倾向于使用听觉，还有些更倾向于使用触觉。这说明指导与学习风格相结合会得到更好的学习成果。

我们在前面提到过这一点。研究证明，不同的人在处理信息时使用的感官不同。近些年来，学习风格的重要性得到了关注。它到底指的是什么？它是偏好、习惯，还是天生的特质？

一个普遍共识是，符合一个人的学习风格的模式是对他最有效的一种学习模式，它帮助个人获得更大的学习成果。坏消息是，针对此及与其相关主题经过超过 25 年的研究并没有得出任何形式的证据能够证明学习风格与课程的配合可以提高学习效果，甚至是提高注意力。

多样化的刺激比这些差异有更巨大的作用。简而言之，研究显示，变换培训信息来影响多种感官输入渠道比关注每种学习者类型的单一感官产生的学习效果更好。通过发现目标、倾听、触摸、嗅觉，甚至是味觉，我们都能够提高学习者的注意力，因为他们同时用互补的（不矛盾的）方式参与了几种感觉。这就加深了理解和记忆（例如，看到一个苹果，拿来咬一口尝尝，闻一闻果香，听到咀嚼的声音）。

因此，尽管有些学习者擅长看，有些学习者擅长听，这种差异对于有效学习并不重要。相比于感官层面，学习者会在更深的层面（包括含义）处理他们所学到的东西。所以第 2 条也是错误的。刺激形式的改变可以在很大程度上弥补这些区别。

还有一点很有趣的是，尽管市场上对 13 种学习风格的测试有很多，与开发者的测试无关的研究人员们深入研究后发现，在 13 种学习风格模式中，只有 3 种与展示内部一致性、重测信度和预言价值有密切关系。

3. 培训方式越有乐趣，学习效果就越好。

我们倒是希望这是真的，但是有关乐趣和满意度与学习效果的关系的研究证明，这两者之间的关系指数值是在 −0.8 到 +0.75 变动，很不稳定。一些针对能力不同的学习者分别展开的研究发现：能力高的学生喜欢结构化的知识，但是在探索性学习中做得更好；能力低的学生不喜欢结构化的知识，但是在结构化的指导式学习中做得更好。

总之，乐趣和满意度似乎对学习效果来说并不关键，而坚持不懈和完成任务的时间看起来起着更重要的作用。如果乐趣能够让学习者坚持更长的时间，那么可能会有此作用。但是，心情沉闷地学习几个小时并坚持到最后，也能取得同样的效果，而且，如果学习者真正地参与了学习过程，效果会更好。因此这一条仍然不对。

再增加一个层面，乐趣和满意度作为提高注意力和学习效果的诱因需要学习活动本身被学习者看作是“有趣的”。尽管如此，在一些学习中，乐趣或满意度被看作是学习项目的结果。换言之，课程或学习活动中必要的不是乐趣因素本身，而是产生的积极结果：考试高分、有价值的成果或克服学习困难的感受。

4. 在相同条件下，不同的培训媒介是影响学习效果的最主要因素。

在过去，这是一个经常被人们误认为正确的错误看法。发明电影、电视、电脑，技术的进步使得很多热情的教育者被“新媒体”的魅力征服。人们开展了针对独立媒体、组合媒体甚至多媒体的影响力研究，但是，很多传统的培训模式依然有着旺盛的生命力。热潮退去之后，应用各种媒体培训并没有表现出超越传统方式之处。

媒体和基于科技的传播体系，尤其是电脑驱动的那些，已经提高了培训的可操作性，为人数众多的培训节省了成本，提供了培训信息的相容性。它们提高学习效率的潜能以及各种结果仍在被研究中。媒体与基于科技手段的学习体系的使用大幅提高了学习效率这一点还没有得到证实。

值得一提的是，关于在线学习的一个大规模、严密的研究于 2009 年开展，2010 年时进行了更新，其中包括网络 2.0 的应用和系统。研究系统地检测了从 1996～2008 年 7 月间各种配置电脑应用的研究资料，涵盖各类媒体与混合应用（包括电脑和课堂）。

报告的作者举出了不下1000种关于在线学习的实证研究。他们深刻地分析了在线和面对面培训的比较研究，测试了学生的学习效果，采用了一项严格的研究设计，并且提供了足够的信息来计算作用程度（不同培训方式的小组间的差异有多大），然后他们针对采纳的研究成果进行了一项元分析。他们发现，一般情况下，在线培训的学习者比现场培训的学习者表现得稍好，而表现最好的是二者结合的混合教学模式的学习者。混合式课程需要额外的学习时间和课程要素，这是学习者在现场培训中所无法得到的。分析者得出结论，与混合学习相关的积极效果不应该归因于媒体或科技手段。他们注意到这项元分析的研究不能证明在线学习是比较高级的媒介。很多研究都显示出在线学习的优势，在线学习与课堂教学在时间花费、课堂活动，以及教学方法上都有不同。多种由不同授课方式带来的要素结合（包括额外学习时间与材料以及额外的协作机会）产生了我们观察到的学习优势。元分析的研究涉及的范围广泛，其中包括培训机构、高校和职场环境。是的，第4条也是错误的。

5. 与研究别人想出来的解决方法相比，完全靠自己思考可以得到更好的问题解决方法。

最近的研究发现，当学习者在工作中遇到各种问题的时候，先不要让他们逐个解决问题，而是给他们看那些已经被解决（或者部分解决）的问题，让他们研究这些问题的解决方法，然后再思考如何解决类似的新问题。这样做似乎能启发学习者的认知能力，提高问题解决的成功率。

诚然，我们可能相信，尝试独立解决各种问题可以锻炼问题解决能力，但是缺乏相关研究结果的支持。所以，这又是个错误观点。

6. 讲授给学习者的内容越多，他们获得的知识就越多。

根据我们对多个培训项目的观察——包括现场形式、通过印刷品和在线形式的培训，我们发现培训师往往试图用大量的信息塞满整堂课，我们还经常听到培训师抱怨“我们没有把学习者需要的东西都教给他们”。

我们曾经指出过，学习者的认知负载是有限度的，通过使用信息串和利用认知特点的策略，我们可以提高学习者吸收和记忆的技能和知识数量。但是，人类处理信息的能力是固定的，几千年来都是如此。应该分清信息的主次并进行适当删除，以此帮助学习者记住重要的内容——少就是多。给学习者高压灌输很多知识，不会让他们吸收更多，只会把他们淹没。这又是一条错误观点。

7. 设计出色的培训项目可以弥补差劲的执行计划。

很多出色的培训项目尘封多年得不到应用的原因就是差劲的执行计划。这是一条典型的错误看法，不需要科学研究的检验，很多培训管理实践就证明了它的谬误。无论培训设计得多好，如果出现下列情况，其效果就得不到发挥。

√ 学习者参加培训的时间不足。

√ 培训师、设备或学习时间欠缺。

√ 培训前没有进行准备，或者培训后缺乏对学习者的持续支持。

√ 没有足够的资源对培训进行探索和开发。

√ 没有将培训成果应用到工作中的动力。

√ 没有相关规定支持新技能和知识的融合。

执行是任何培训成功的关键，如果上述问题能被解决，即使设计得并不是很理想的培训也会有很高的成功率。如果你的培训设计得很完美，但遇到了条件欠缺的环境，还是不能成功，所以这是条错误观点。

8. 技术是未来在职学习的成功关键。

确定这个观点真伪的关键是看有没有支持它的证据。虽然技术提供者和狂热的技术爱好者早就宣称未来的世界完全以技术为主导，但是并没有支持这个假设的事实。除了各种网络培训和相关的技术培训系统之外，很少存在具有说服力的研究证明采用高端技术的培训可以让人们的工作表现更出色。近来，连那些被认为是理所当然的看法——“基于技术的学习方案可以节省时间和金钱”（不必赶远路参加培训、没有培训师、不用住旅馆等）都让人怀疑了。高成本的软硬件外加高成本的培训技术，完全不适合大规模的常规培训。迅速更新换代的设备、学习软件和课程软件让节省金钱变得不可能。

最近的一种趋势是培训内容管理系统有所发展，运用技术将学习内容转化为可重复使用的信息串存储起来。虽然在这些领域进行了很多实验、做出了大量努力，但是新技术仍然存在很多不确定性。既然技术只知道一味地“扩大”和“加速”，那么，当我们被灌输知识的时候，技术只会把我们的枯燥灌输扩大为更加响亮的噪声，却不会使培训结果有什么值得高兴的改善。

我们得到的最新消息是 20 世纪 90 年代中期到 21 世纪初，现场培训的数量急剧减少，同时基于技术的培训比重在北美的企业和组织中不断上升。现在，这两种趋势已经减缓，在某些情况下甚至开始逆转。请把第 8 条也算作错误观点！

9. 工作表现不好大多数是由于缺少必需的技能和知识。

这个观点的另一种说法是“改善工作表现的最有效方法是培训”。培养技能和积累知识固然重要，但是很多其他因素也能够引起工作表现问题。研究者发现了下面这些可能影响工作表现的关键因素：目标不明确；无法取得需要的信息、资源；工作缺乏动力和意义；缺少反馈系统；用人不当等。

在很多情况下，人们已经知道如何做自己的工作，培训对提高其工作表现至关重要。但是，如果不具备其他必要因素，进行再多的培训也没有用。所以这又是个错误观点。

10. 培训中的成功表现通常意味着不错的工作表现。

你一定认为这是最有道理、逻辑性最强的一个结论了——如果人们在培训中表现很好，那么在工作中也会有同样的表现，否则，为何要培训？遗憾的是，我们不得不说，研究结果并不支持这个假设。培训的必要性是不言而喻的，但是，也有极个别的例子证明，培训后学习者如果缺少足够的支持，其工作表现也不会理想。鲍德温和福特曾经在 1988 年出版的一本研究培训的书中说道：“美国的各行各业每年要花超过 1000 亿美元的培训费……而这笔钱只有不到 10% 转化到了工作改善中。”1997 年，福特和维斯贝恩重新回顾了鲍德温和福特的研究，得出了相同的结论。

我们在分析第 9 条观点时已经说明，如果培训缺乏其他因素的支持，如信息、资源、动机、意义、选择、过程设计，以及对任务干预的控制等，就难以成功。因此，这又是一条错误观点。

11. 关于左右脑的科学发现协助我们给有左脑优势或有右脑优势的学习者提供了更多的帮助。课程着重右脑可以增加创造力，着重左脑可以提升逻辑思维能力。

媒体和刊物把左右脑优势吹得天花乱坠，这应该引起我们的关注，尤其是在罗杰·W. 斯佩里（Roger W. Sperry）在这个领域获得了诺贝尔奖之后。尽管如此，从学习的角度来讲，没必要将科学发现解读成实际的、有研究支持的应用。斯佩里主要研究的是做过手术，切断了左右脑间横向神经纤维束的人。

在20世纪60年代到20世纪70年代间，斯佩里和其他科学家，以及他的研究生和同事迈克尔·加扎尼加（Micheal Gazzaniga），提出了很多关于大脑运行的伟大观点。这让教育学家和企业家变得很兴奋。从那以后，半脑优势检测就流行于教育界和培训界，同时，关于左右脑研究的课程也流行起来。下面提出一些警示。

大多数功能都需要左右脑以最佳方式共同协作。而大脑成像显示出左右脑的结构差异，几乎没有证据显示这些与功能差异相关。近期的神经学研究显示，大脑功能趋向于集中在大脑的特定区域，覆盖左右两个半球。针对67个近期关于创造力的大脑成像研究进行的评论得出结论，任何形式的半脑分裂与创造力的关系的观念都缺少实验证据证明。

12. 古老的常识是科学的朋友，遵循传统观点可以确保培训的质量。

如果这是真的就太好了！但是对最后一条观点的判断结果仍然是

错误。随便捡起一本研究培训的教科书，你都会在前面几章发现一些警告——那些我们通常称为“常识”的东西，往往是科学最大的敌人。

根据常识，宗教权威坚持认为太阳围着地球转，即使科学家们收集了足够多的证据证明这个观点的错误。借假“常识”之名，人们对所谓的“显然品质低劣”的人类群体进行了大量的不公正对待。（这个结论是如此得出的：通过观察他们的生活和信仰状况，由我们来统治和掠夺他们显然是天经地义的事情。）难道因为男性的身体比女性强壮，他们就应该命令女性吗？

“常识”不过是人们为了得到想要的结论而临时拼凑的理由。“常识”的依据通常是片面的，只有少数几个例子能够支持它们，是人们为了方便起见勉强得出的主观结论。在培训领域，也曾经一度存在被我们奉为圭臬的“常识”：

- √“不打不成才。”这给了人们体罚孩子一个冠冕堂皇的理由。
- √“女孩缺乏学好数学和科学所要求的推理能力。”这个观点甚至引起了其他领域的性别歧视，更不用说在学习领域的性别歧视了。
- √“告诉他们你想说的。告诉他们。告诉他们你说过的。”这种看法引起了大量的信息单向灌输，像倒垃圾一样传授知识，这种方法依然在今日的培训界盛行。

更多的现代“常识”与我们之前分析的对于科技和学习关系的错误看法有关。尽管缺乏科学依据，很多人仍然认为大规模培训系统可以奇迹般地按照要求完美迅捷地培训出企业想要的员工。

所谓的“常识”完全是人们的主观臆造，根本不是什么科学之友，更不是可以指导你进行完美培训的铁打定律。如果允许我们送给培训界一句格言，我们想说“让数据说话，警惕‘常识’”。

我们引用两位科学家的话来否定这个错误：

“常识只不过是你满 18 岁之前脑海中偏见的沉淀罢了。”

——阿尔伯特·爱因斯坦

“良好的判断力是世界上分配最平均的东西，所以每个人都认为自己一定分到了一些，即便是那些最难取悦的人都不渴望再比目前所拥有的多分到一点。”

——勒内·笛卡儿

学习的关键

关于前面的表 12-1 的练习，你的得分情况如何？我们精心设计了这个“对与错”游戏来展示和分析这些常见的错误观点，目的不是折腾你，而是通过分析和讲解来武装你。培训师的工作不仅是培训，还包括遭遇传统观点并与之战斗、抵制狂热的宣传、驳斥歪理——这些情况都会在你试图指导他人学习的时候出现。

根据本书的两名作者加起来一共 70 年的研究和实践经验，我们建议你在他人试图把某些培训的观点强行推销给你时，一定要让对方拿出切实的证据和客观的数据。你需要把握好培训成功的三大关键点：

√ 是否以学习者为中心？

√ 是否以绩效为基础？

√ 其结果能否得到验证？

作为培训师，我们的任务绝不是灌输，而是有效地改变学习者，从而促成学习者及其所在的组织两方面的成功。

“对与错”：最后一道配对题

在本章的最后，我们设计了一个配对练习，请看表 12-2。我们在 A 栏中按照随机顺序列出 12 条错误观点，在未来的某一天，你极有可能遇到它们。B 栏是对 A 栏的内容反驳，你的任务是通过配对把两栏的内容对应起来。开始！

表 12-2　最后的配对游戏

配　对	错误观念	反　驳
□	1. 留意学习者的学习风格对于有效教学来说十分必要。有些学习者更倾向于使用视觉，有些则更倾向于使用听觉，还有些更倾向于使用触觉。这说明指导与学习风格相结合会得到更好的学习成果	A. 很多专家无法讲出他们在工作中运用的知识，他们掌握的知识是程序性的而不是陈述性的、便于阐释的知识
□	2. 设计出色的培训项目可以弥补差劲的执行计划	B. “常识”不过是人们为了得到想要的结论而临时拼凑的理由，“常识”的依据通常是片面的，只有少数几个例子能够支持它们，是人们为了方便起见勉强得出的主观结论。正是“常识”告诉我们，地球是平的
□	3. 与研究别人想出来的解决方法相比，完全靠自己思考可以得到更好的问题解决方法	C. 对学习者的享受和满意度与学习效果关系的研究证明，这两者之间的关系指数值变动从 −0.8 到 +0.75，很不稳定；坚持不懈的精神拥有的力量更强大
□	4. 培训方式越有乐趣，学习效果就越好	D. 美国的各行各业每年要花超过 1000 亿美元的培训费，而这笔钱只有不到 10% 转化到了工作的改善中。无论培训结果如何，如果没有合适的转化条件，培训的投资很快就会白费，预期的改变不会出现

（续）

配　对	错误观念	反　驳
□	5. 工作表现不好大多数是由于缺少必需的技能和知识	E. 研究证明，不同的人在学习和处理信息时使用的感官也不同，学习者们可能有截然不同的偏好、习惯和“风格”
□	6. 古老的常识是科学的朋友，遵循传统观点可以确保培训的质量	F. 是的，有充分证据证明的研究显示两个大脑半球是不对称的。尽管结构上存在差异，但也并不一定会导致功能差异。近期的神经学研究显示最有意义的精神活动同时需要左右脑两个半球。左右脑的“二分法”过于简单化了指导课程的概念
□	7. 一般来说，某一方面做得出色的专家明白自己在做什么，而且是传授工作技能的最佳人选	G. 很多其他因素也能够引起工作表现问题：目标不明确；无法取得需要的信息、资源；工作缺乏动力和意义；缺少反馈以及无法得到需要的信息
□	8. 讲授给学习者的内容越多，他们获得的知识就越多	H. 围绕“媒体对学习的影响”这个主题，近 50 年的研究都得出了同一个结论：在相同条件下，媒体并不是影响学习效果的关键因素
□	9. 技术是未来在职学习成功的关键	I. 很多出色的培训项目尘封多年得不到应用。无论培训设计得多好，如果因素（时间、预算、资源、文化、动机、制度和程序）达不到要求，其效果就得不到发挥
□	10. 在相同条件下，不同的培训媒介是影响学习效果的最主要因素	J. 最近的研究发现，先给学习者展示问题解决方案的示例，可以更好地培养他们独立解决问题的能力，特别是对于不再重现的问题来说更是这样
□	11. 关于左右脑的科学发现协助我们给有左脑优势或有右脑优势的学习者提供了更多的帮助。课程着重右脑可以增加创造力，着重左脑可以提升逻辑思维能力	K. 虽然技术提供者和狂热的技术爱好者早就宣称未来的世界完全以技术为主导，但是很少有研究证明技术对学习有着关键性的影响。近期的数据表明，基于技术的培训不会使培训结果有什么值得高兴的改善
□	12. 培训中的成功表现通常意味着不错的工作表现	L. 学习者都有认知负载限度。与电脑不同，他们的信息处理能力是固定的，无法提高。信息过载对学习和记忆有负面影响

如果你答对了大多数条目，则说明你具备了良好的判断力，能够判定哪些东西对培训有益，哪些东西对培训无益。

现在我们来看本书的最后一章——为前面的章节查缺补漏、与你分享一些观点，然后祝你好运，而不是跟你说再见。

CHAPTER 13

第 13 章　交互式培训：对本书的总结

本章要点

√ 概括本书的内容
√ 要点回顾
√ 根据卡尔·荣格的著作总结出的指导模型

最后一章有三个目的。首先，总结本书的内容，为我们共同走过的这段旅程留下理性的印象。其次，重新回顾和强调本书的关键信息。我们把这本书设定为谈话的形式，就像所有的对话一样，难免会出现东拉西扯的跑题现象，所以必须多次强调谈话的重点。最后，与你分享一些有关培训与灌输的观点，我们希望这样做能给你带来一些思考，看看你能利用所学的知识做点什么。

对本书的迅速回顾

第 1 章的目的是引起你的兴趣。如果你能坚持读到这里，那么我们就成功了。更重要的是，这一章让你能够思考自己学到的东西，我们猜想，只有交互式培训才能让你做到这一点。

第 2 章提出四个基本词汇：培训（行为的复制）、指导（根据习得的知识举一反三）、教育（建立心智模型和价值体系，以便指引我们处理生活中的各种事务）、学习（改变思维结构和行为模式，帮助我们面对现实并生存下去）。

你也熟悉了一些培训的诀窍："以学习者为中心，以绩效为基础"。无论培训对象是谁、主题为何以及采取了怎样的培训方式（现场培训或其他方式），你都应该时刻记住这条诀窍，遵从它的指引。

"以学习者为中心，以绩效为基础"的培训，目的是改变学习者，使他们的表现达到其本人和所在组织的要求。为了改变学习者，你必须知道学习者是怎样接收、处理、存储和检索信息的，必须分辨学习者具有的有益于学习的特点以及对学习有阻碍作用的特点。最后，你还要有能力运用自己对学习者能力和局限的了解来改变他们。以上就是我们在第 3 章与你分享的内容。

"我懂得那么多，为什么不能让人们学会？"专家型培训师经常提出这种问题，因为他们似乎无法"让人们学会"。这就引出了陈述性知识（谈论）和程序性知识（操作）的概念。第 4 章，你要亲自面对专家型培训师遇到的问题，学会将程序性知识转化为陈述性知识。学习者掌握了陈述性知识之后，还要再将其转换为自己所掌握的程序性知识。真是复杂！

第 5 章介绍了成人学习的四大关键原则：自愿、经验、自主、行动，向你展示了了解成人学习的特点可以极大地帮助你设计行之有效的培训课程。

第 6 章讲述了培训结构化的五步模型——该模型建立在六条通用原则的基础上。这个简单的模型把前几章的要点串起来，包括培训诀窍、学习者的特点以及成人的学习原则，从而为设计成功的培训奠定了稳固的结构基础。

第 7 章增加了更多的细节，进一步指导你如何设计成功的培训课程并帮助学习者利用元认知技巧和认知策略进行学习。这样做既能弥补学习者能力的不足，又可提高其综合能力，使学习更加有效。

第 8 章介绍了培训的四种主要方法，描述了它们的特点、优点和局限。同时提供了大量可以现学现用的培训活动，它们适用于各种类型的学习者和培训环境，易于改编，而且完全尊重交互式培训这一原则。

测试是第 9 章的主题，它为你提供了一些可以在测试中应用的工具。如果操作正确，测试是巩固学习成果的有效工具。第 9 章可以指导和帮助你进行正确的测试。

第 10 章是很重要的一章，它将科技手段与培训联系起来，并试图在当你求助于科技手段支持或传播培训时帮助你找到一个平衡点。它也告诫我们：过度承诺导致无法履行，常常是因为夸大科技手段的作用；适当地应用科技手段的关键是明确目标；批判性地评论科技手段和铁证如山的成功应用；谨慎的决定是基于事实而不是希望；对于培训结果的评估，需要支持学习者的行为。科技手段就像任何一个糟糕的培训师一样，只是传播工具。

第 11 章检测了很多种你可以采用的方法，使科技手段作用于有效和高效的学习。由关于学习和科技手段的“错误概念”开始，转而又带领你处理这样的问题：是什么驱动了高质量在线学习，以及你和你的企业在投资基于科技手段的学习课程之前就首先应该做出的决定等。这章还介绍了各类的混合式学习，强调真正的混合式需要整合信息与协作与指导。本章结束时，我们遇到了一系列我们今天就可以搜索并且未来也可以接着开发的网络 2.0 的资源。

第 12 章阐释了一些关于培训的错误观点要你多加警惕，还为你提供了反驳和回击那些试图把错误看法强加给你、你的组织、学习者的人的事实和论据。

我们在如此短时间内一起探讨了如此多的内容，分享了我们花费数年心血得来的成果。希望你能有所感悟。下面是一些我们需要强调的关键点：

√ 只有学习者的成功才能为你带来成功。

√ 学习效率不在于培训如何包装，而是由培训的设计和结构决定的。

√ 信息本身无法流动，只有学习者寻找信息并用它们满足自己的需要时，信息才是活的。

√ 交互式培训。

还有一条是关于记忆的关键点的：无论培训采取现场、模拟、同步、异步、在工作中、在课堂上、一对一、一对多、多对一、面对面，还是技术传递等形式，学习效果都是一样的。我们必须首先从学习者出发，确定预期的结果，然后再设计培训，以便帮助学习者取得他们想要的进步。培训的方式应该与学习者的特点和学习内容相适应。这些是必须要注意的。

一些需要我们思考的东西：由卡尔·荣格引发的思考

我们并不专门研究荣格的学说，我们的研究对象是学习和培训。但是，几年前，我们发现了一个受到卡尔·荣格的启发而设计的学习模型，它对我们很有触动。模型是这样的（见图 13-1）：

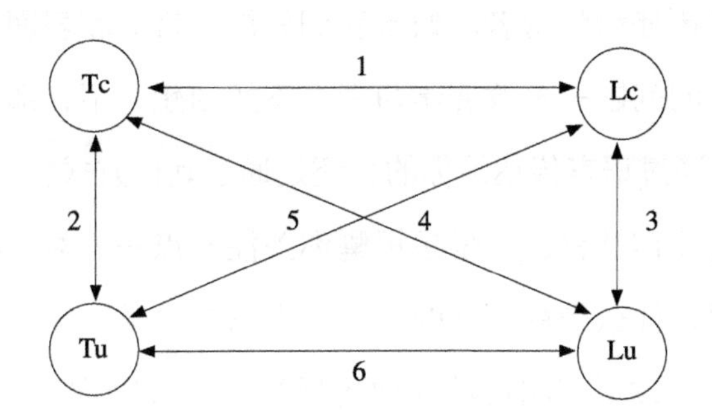

图 13-1　受卡尔·荣格启发而设计的培训学习模型

教师有意识地（Tc）把一个信息传递给学习者，学习者有意识地（Lc）接收这条信息，他们由此开启了有意识的对话（1）。但是，教师不会有意识地筹划自己说的每个词和每一句话。教师无意识地（Tu）从思维中提取正确的词语和回应，于是就在意识自我和无意识自我之间建立了对话（2）。同时，随着教师的信息传递到学习者那里，学习者也在其意识自我和无意识自我之间建立了对话（3）。发生这一切时，教师不仅是在对学习者的意识自我做出回应，也是对其无意识自我（Lu）做回应，学习者也会无意识地回应教师对话（4）。类似地，学习者的意识自我会对教师的无意识反馈做出回应对话（5），反之亦然。

最后，出现了一场更为深层次的对话，在这种深层交流中，一种类型的对话有意识地发生在表面，即对话（1），而更有意义的对话发生在无意识层面，即对话（6）。在这个无意识层面上，无论使用什么语言，真正的信息都可以得到传达。

请注意真实的信息是如何不用说出来而在更深的层面上传递的，这个层面就是荣格所说的无意识层面。

我们希望你能思考上面的内容。在培训中，特别是当出现新知识需要我们探索更复杂的技巧来传达这些信息的时候，我们就可能无法将最为重要的信息传递给学习者。如果我们只注重言辞和表面现象，是否就忽略了最基本的问题——改变学习者？不妨回想一下，那些教给你最多东西的人，是通过语言传达给你的，还是通过其他方式？

我们没有故作神秘，只是想提醒你关注一点——对于学习者、组织和你自己来说，什么是最重要的。写作本书的时候，我们遵循的是自己的原则。我们通过语言和行动向你传授知识，鼓励你多尝试各种策略、工具、技巧和活动，还针对如何使用它们提供了线索和建议。现在，我们让你自己去尝试如何培训得更好。我们希望你能从本书的字里行间以及言辞背后感受到我们的热情和承诺——帮助成年学习者和你取得成功，希望你能通过思考和尝试准确找到自己在培训中的定位，发现培训的本质。就像荣格模型和本书所指出的那样，培训远不止单纯地灌输那么简单。